新 視 野

中華經典文庫

新 視 野
中華經典文庫

人物志

名譽主編 饒宗頤

導讀 關瑞至

譯注 梁滿倉 關瑞至

中華書局

新視野中華經典文庫

人物志

□
導讀
關瑞至

□
譯注
梁滿倉 關瑞至

□
出版
中華書局（香港）有限公司
香港北角英皇道 499 號北角工業大廈一樓 B
電話：(852) 2137 2338　傳真：(852) 2713 8202
電子郵件：info@chunghwabook.com.hk
網址：http://www.chunghwabook.com.hk

□
發行
香港聯合書刊物流有限公司
香港新界荃灣德士古道 220-248 號
荃灣工業中心 16 樓
電話：(852) 2150 2100　傳真：(852) 2407 3062
電子郵件：info@suplogistics.com.hk

□
印刷
深圳中華商務安全印務股份有限公司
深圳市龍崗區平湖鎮萬福工業區

□
版次
2013 年 11 月初版
2020 年 11 月第 2 次印刷

□
規格
大 32 開（205 mm × 143 mm）

□
ISBN：978-988-8263-45-5

出版說明

為甚麼要閱讀經典？道理其實很簡單——經典正正是人類智慧的源泉、心靈的故鄉。也正是因此，在社會快速發展、急劇轉型，因而也容易令人躁動不安的年代，人們也就更需要接近經典、閱讀經典、品味經典。

邁入二十一世紀，隨着中國在世界上的地位不斷提高，影響不斷擴大，國際社會也越來越關注中國，並希望更多地了解中國、了解中國文化。另外，受全球化浪潮的衝擊，各國、各地區、各民族之間文化的交流、碰撞、融和，也都會空前地引人注目，這其中，中國文化無疑扮演着十分重要的角色。相應地，對於中國經典的閱讀自然也就有不斷擴大的潛在市場，值得重視及開發。

於是也就有了這套立足港臺、面向海外的「新視野中華經典文庫」的編寫與出版。希望通過本文庫的出版，繼續搭建古代經典與現代生活的橋樑，引領讀者摩挲經典，感受經典的魅力，進而提升自身品位，塑造美好人生。

本文庫收錄中國歷代經典名著近六十種，涵蓋哲學、文學、歷史、醫學、宗教等各個領域。編寫原則大致如下：

（一）精選原則。所選著作一定是相關領域最有影響、最具代表性、最值得閱讀的經典作品，包括中國第一部哲學元典、被尊為「群經之首」的《周易》，儒家代表作《論語》、《孟子》，道家代表作《老子》、《莊子》，最早、最有代表性的兵書《孫子兵法》，最早、最系統完整的醫學典籍《黃帝內經》，大乘佛教和禪宗最重要的經典《金剛經》、《心經》、《六祖壇經》，中國第一部詩歌總集《詩經》，第一部紀傳體通史《史記》，第一部編年體通史《資治通鑒》，中國最古老的地理學著作《山海經》，中國古代最著名的遊記《徐霞客遊記》，等等，每一部都是了解中國思想文化不可不知、不可不讀的經典名著。而對於篇幅較大、內容較多的作品，則會精選其中最值得閱讀的篇章。使每一本都能保持適中的篇幅、適中的定價，讓普羅大眾都能買得起、讀得起。

（二）尤重導讀的功能。導讀包括對每一部經典的總體導讀、對所選篇章的分篇（節）導讀，以及對名段、金句的賞析與點評。導讀除介紹相關作品的作者、主要內容等基本情況外，尤強調取用廣闊的「新視野」，將這些經典放在全球範圍內、結合當下社會生活，深入挖掘其內容與思想的普世價值，及對現代社會、現實生活的深刻啟示與借鑒意義。通過這些富有新意的解讀與賞析，真正拉近古代經典與當代社會和當下生活的距離。

（三）通俗易讀的原則。簡明的注釋，直白的譯文，加上深入淺出的導讀與賞析，希望幫助更多的普通讀者讀懂經典，讀懂古人的思想，並能引發更多的思考，獲取更多的知識及更多的生活啟示。

（四）方便實用的原則。關注當下、貼近現實的導讀與賞析，相信有助於讀者「古為今用」、自我提升；卷尾附錄「名句索引」，更有助讀者檢索、重溫及隨時引用。

（五）立體互動，無限延伸。配合文庫的出版，開設專題網站，增加朗讀功能，將文庫進一步延展為有聲讀物，同時增強讀者、作者、出版者之間不受時空限制的自由隨性的交流互動，在使經典閱讀更具立體感、時代感之餘，亦能通過讀編互動，推動經典閱讀的深化與提升。

這些原則可以說都是從讀者的角度考慮並努力貫徹的，希望這一良苦用心最終亦能夠得到讀者的認可、進而達致經典普及的目的。

「弘揚中華文化」是中華書局的創局宗旨，二〇一二年又正值創局一百週年，「承百年基業，傳中華文明」，本局理當更加有所作為。本文庫的出版，既是對百年華誕的紀念與獻禮，也是在弘揚華夏文明之路上「傳承與開創」的標誌之一。

需要特別提到的是，國學大師饒宗頤先生慨然應允擔任本套文庫的名譽主編，除表明先生對本局出版工作的一貫支持外，更顯示先生對倡導經典閱讀、關心文化傳承的一片至誠。在此，我們要向饒公表示由衷的敬佩及誠摯的感謝。

倡導經典閱讀，普及經典文化，永遠都有做不完的工作。期待本文庫的出版，能夠帶給讀者不一樣的感覺。

中華書局編輯部
二〇一二年六月

目錄

《人物志》導讀 〇〇一
原序 〇三九

上卷

九徵第一 〇五五
體別第二 〇八七
流業第三 一一三
材理第四 一三九

中卷

材能第五 一七九
利害第六 一九九

下卷

接識第七 —— 二一三
英雄第八 —— 二二九
八觀第九 —— 二四三
七繆第十 —— 二八五
效難第十一 —— 三一七
釋爭第十二 —— 三三九

名句索引 —— 三五二

《人物志》導讀

關瑞至

要判斷一本書的高下，其中一種方法，就是看該書有多少角度或有多少層次容許我們閱讀，角度、層次越多，其水平越高。以《人物志》一書為例，至少可以從兩個角度或者層次來加以欣賞：一個是管理學，另一個是哲學。[1]

1 這不是說只有此二角度，否則我用「至少」二字便無解。事實上，不同學者所採角度不一，反映了《人物志》的豐富。如牟宗三先生那篇廣受徵引的鴻文，就認為《人物志》是中國學術史上，從美學角度探索人性的奠基者。見牟宗三（二〇〇三），〈**人物志之系統的解析**〉，《**牟宗三全集——才性與玄理**》，臺北：聯合報系文化基金會，頁三十七至五十六。

一、從管理學觀點看

（一）總論

二十世紀管理學人才輩出，但當中彼得．杜拉克（Peter Drucker，一九〇九至二〇〇五）無疑是大師中的大師，影響之巨，很少人能與他相比。他在不同場合裏多次反覆強調，所有企業歸根到底只有一個問題：就是如何用人。所謂管理，一言以蔽，就是一系列如何開發、如何選拔、如何配置、如何調動人力資源，以致獲取最大產出的行為。可惜的是，世上大多數管理人員，所做的人才決策並不理想。有研究顯示，成功率低至三成，換言之，企業用人，每十次就有七次出錯。[2]

到底問題發生在哪裏？

首先，人很複雜。被用的是人，用人的也是人。所以，用人的問題可說一開為二。被觀者表裏不一，其實力、心態、性格難以窺探；即使表裏一致，但人如其面，各不相同。所以怎樣觀人而能準確無誤，本身就足以令人頭痛。觀者又如何？觀人的人，受本身的性格、教養、

2 〈讓對的人，做對的事〉，《經理人月刊》，臺灣：巨思出版社。

學識、能力、目光、才情、經驗、心態，以致社會環境、文化背景、政法制度等等極度複雜糾結的因素所限制，結果，由觀人到知人，由知人再到用人，往往偏差很大，鮮有客觀。碌碌庸才，竟可竊居高位；有能之士，偏偏懷才不遇。最可憐的，莫過於後者要聽命於前者，明知在高位者的號令、政策等等，對大家有害而無利，仍需忍氣吞聲，即使悖逆己意卻還須唯命是從，個體被矮化成一件沒有個人意志的工具，最終導致雙輸局面。職場上此等現象，屢見不鮮。

其次，管理人即使立志於用人為才，極力規避主觀意志的干擾，但說到底，用人問題始終不是沒有主觀影響即能成功之事。相反，它需要一套全面、深入並且到位的理論，系統地對人才的本質作出切實的剖析、歸類，藉以指導如何將人力資源，不偏不倚地配置到最適當的崗位中，把該崗位應有的產出發揮到極致。這一道理，乍看簡單，但當中牽涉的知識水平、洞察深度、用人膽識等等，都是極專業之事，非專家不能為之。

正是這些淺顯不過的道理，讓我們不得不欣賞《人物志》。《人物志》的創作，當然是以國家政府的用人方針為服務對象。但國家也者，不就是一龐然巨大的企業？所以，全書每句每字，對國家、對企業，甚至對在職場工作的「你我他」，或對只對觀人有興趣的人都切膚相關，其作用廣矣大矣。[3] 此書雖成於一千八百年前，但為我們提供的，正是有關用人、觀人的大學

3 原版本「左馮翊王三省」的後序有言：「修己者得之以自觀，用人者持之以照物」，說得十分恰當。

問，其剖析之深與範圍之廣，恐怕在中外過去二千年都屬罕見，發人深省處與警句策語，幾乎篇篇有之，甚或段段有之，真是五步一樓，十步一閣。更為難能可貴的，是此書論證之嚴謹、細緻、周詳與其環環相扣所顯示的系統性，在中國學術史中，殆無出其右。所以此書對任何領域的管理人員，都極具重要參考價值，實在不容不看，看了相信亦難以輕言放下。

在未對《人物志》展開全面討論前，我想先處理一個簡單的問題。有讀者可能會以為，有關人才的研究，必定能夠幫助我們從所有人中辨識出具才能的人。於是，讀者或會問，對於作者劉劭（生卒年月大約在漢靈帝建寧年間，即公元一六八年至一七二年，至魏齊王正始年間，亦即二四〇年至二四九年，生平見下文）而言，甚麼人會具有才能，甚麼人不會；亦即是問，如何把具有才能之人與不具才能之人區別開來？答案或者會令你詫異，且容許我弔詭一點：就是人人皆具有才能，亦可說人人皆不具才能，所以沒有所謂具才者與無才者之別。為甚麼這樣說？因為所謂才能，是相對於具某類才能者所身處的崗位而言。清代詩人顧嗣協有詩名〈雜興〉：「駿馬能歷險，犁田不如牛」。套用於此，就是說沒有絕對標準決定誰有才能，誰缺才能，就像能履險如夷的駿馬，若給配置到田間耕作，則連速度慢如黃牛者也比不上。明了作者這種觀點，對掌握全書的核心思想是十分重要的。這有兩個含義：其一，不論賢或不肖，所有人皆具才能，分別只在於才能的種類與強弱程度；其二，一個人的才能與他的崗位有一對應關係，亦即必待他被安置到能讓他發揮其才能的崗位上，他才可以把內在的才能發揮到極致。能發揮到的在他人眼中便被認為有才能，反之，即使有天縱之資，恐將被誤為庸碌之輩。以此觀點來看，管理人——不，是所有人——應提出的問題，不是甚麼人具有才能，而是甚麼人具有甚麼才能；以英文表述，該是 Who has talents? 與 Which talents has one got? 之別。當然，在劉劭看來，後者才是應考慮的問題。不過，順帶一說，將人才譯做「talents」其實亦不盡符劉劭原意，因為「talents」在多人心中有特殊資質含義，常用以指優於泛泛眾生之輩，亦因此意味着只有一小撮人具「talents」，而剩下的大多數卻付之闕如。然而，上文剛剛指出，此並非劉劭本意，所以在劉氏心中，人才當近英文中的 natural ability，而遠於 talents。[4]

當我們明白了上述的道理，亦即人是以「才類」而分，而不應以「是否具才」而別，並且才能必待與崗位配合才會表現出來之後，接下來的問題便至少應有兩個：

人才是以甚麼原則來分類的？
各類人才如何跟不同崗位配對？

4 關於「人才」一詞的英譯問題，可參〈人才學核心術語英譯探研〉，《武漢工程大學學報》，二〇〇九年〇八期，頁十四至十八。

這兩個問題正是《人物志》所要解決的。[5]

為方便讀者對全書有一系統的或稱作鳥瞰式的掌握，上述兩個問題我權且稱為「母問題」，所衍生出的當然就是「子問題」。「子問題」有一大堆。以第一個問題為例，分類原則的基礎、人才有哪些類型、如何認識人才以方便分類、認識人才的常見錯誤、觀人者本身的情操等等。以第二個問題為例，哪類型的人才應與哪類崗位相配合？配合的原則應如何釐定？

事實上，各項子問題復可再細分。以「如何認識人才以方便分類」（即第一項母問題的子問題）為例，由於人的天賦才能是不可以被直接觀測的，所以人的外顯行為，在甚麼意義下可以反映出內在的才能？又哪類外顯行為反映了哪類型的才能？人才的心理質素、道德修養等等又應如何去衡斷？再舉一例，當思考「認識人才的常見錯誤」（也是第一項母問題的子問題）時，自然會問，為甚麼會有這些通病？到底是與觀人者有關、亦或與被觀者有關？這些通病又如何分類？當然，最後要問如何避免？始終，斷症之後，還得開藥嘛。

這一系列問題，《人物志》不但提問，而且解答得非常周全，問題與問題之間，答案與答案

5 事實上，《人物志》書名中的「物」字，就有「分類」的意思。成語中「物以類聚」、「言之有物」、「辨物區方」、「物以群分」、「物傷其類」，甚至詞語如「物色」等，都帶有或可以引申出「類別」的意思。因此，以「人物志」三字為書名，本身就有將「人」分類，以方便考察各類人才的實質之意。此亦所以錢穆先生謂：「物是品類的意思」。見錢穆（一九八一）《中國學術思想史論叢（三）》，臺北：東大圖書有限公司。

之間，往往互為印證，相提並論，互相發明。此所以我上文說過，《人物志》一書，處處顯示了環環相扣、極具系統的特徵。

(二) 分論

以下我想就上述提及的兩個「母問題」展開較詳細的討論。讓我們再重述一次這兩個問題：

人才是以甚麼原則來分類的？
各類人才如何跟不同崗位配對？

1. 人才是以甚麼原則來分類的

談到人才分類，其目的當然是為了選拔適當的人以配置到適當的崗位。現今企業，人才的需求甚巨，但選拔方法往往不出三種：面試、背景審查及心理性向測試。面試旨在篩選，背景審查則重在將不合資格的候選人剔除，而心理性向測試的目的，在於以客觀之姿，將候選人的能力、性格、性向、行為傾向、心理特徵等，加以量化。這一系列的方法無疑十分客觀，但以深入、周全而論，則仍未能望《人物志》之項背。其間分別，在於《人物志》要挖掘到由形象到心理行為等外顯特徵下面，來探尋人才的本質，這點讀者只需稍讀此書即可體會。

《人物志》全書共十二章，對人才的考察，散見各篇。有以外觀（相貌、表情、聲音、情緒）而審之的〈九徵篇〉、有從個性特徵（不同人才有不同的強項與弱點）而觀之的〈體別篇〉、有以議論時的心態而察之的〈材理篇〉、有以於具體情境中的行事風格而評之的〈八觀篇〉、亦有從與人相爭時所表現的氣度而鑒之的〈釋爭篇〉。總之，觀察品評人才的方法層出不窮，極盡周全深入之能事。

為方便閱讀，現列簡表如下：

方法	篇章
從外觀	九徵篇
從個性特徵	體別篇
從議論時的心態	材理篇
從具體情境中的行事風格	八觀篇
從與人相爭時所表現的氣度	釋爭篇

（表一：《人物志》考察人才的各種方法）

雖以多維度觀察人物，《人物志》並沒有將人才的種類過度割裂，支離難解。反之，作者劉劭發揮以簡御繁的優點，把人才分為兩類，即聖人與非聖人。但聖人具天縱之資，萬中無一，且聖人以無方為方、以無勢為勢（下文「從哲學觀點看」有較詳細分析），天下間任一崗位都可讓他點鐵成金，因此反而不需研究他與崗位之間的匹配問題，亦因此聖人一類人物，不是《人物志》一書內容關注所在。[6]於是，全書要討論的、亦即我們要了解的，當然是非聖人一類，此為一大類，當中復可分為兼材及偏至之才（簡稱偏才）；後者再依職業類別，分為十二型：清節家、法家、術家、國體、器能、臧否、伎倆、智意、文章、儒學、口辯及雄傑。不過，若按才能分，劉劭又把人才歸為八類，即清節之材、治家之材、術家之材、智意之材、遺讓之材、伎倆之材、臧否之材及豪傑之材。現依次表列如下：

人才			
聖人			（兼具所有才與德並發揮極致的人）
非聖人	兼材		（擁有超於一種偏才能力的人）
	偏才	按職業分	清節家、法家、術家、國體、器能、臧否、伎倆、智意、文章、儒學、口辯、雄傑
		按才能分	清節之材、治家之材、術家之材、智意之材、遺讓之材、伎倆之材、臧否之材、豪傑之材

（表二：《人物志》人才的分類）

6 牟宗三先生認為《人物志》中的所謂聖人，是在討論框架內，設定一個最高的標準，以方便探討非聖人的特質而已。見牟宗三（二〇〇三），〈人物志之系統的解析〉，《牟宗三全集——才性與玄理》，頁六十一。

如此分類，不可謂不細緻。但讀者隨之而來的問題或會是，如此區分有甚麼根據？答案可以在「偏才」的「偏」字裏找。所謂「偏」，早在全書首章「九徵」中，已被定義為「勝體為質」（〈九徵〉：「偏至之材，以勝體為質」）。意思是偏才以其發揮極致的突出能力為其界定性特徵，但一個人若有一種能力發揮極盡，而他又只有一種能力（這已隱含在「偏才」的定義中，亦即若多於一種則已為兼才而非偏才），則意味着他在其他領域中，能力薄弱。即是說，在突顯他強項的同時，其弱項、缺失等等，自然暴露於人前。劉劭就是抓住此一強一弱、或一強多弱，來作人才的分類。[7]書中〈八觀〉及〈體別〉兩篇，就提到偏才之人的得失。

〈八觀〉篇指出了偏才的人，其失往往與其得呈現一種類似「共生」的關係：

> 夫偏材之人，皆有所短。故：直之失也訐，剛之失也厲，和之失也懦，介之失也拘。

又說：

> 訐也者，直之徵也；厲也者，剛之徵也；懦也者，和之徵也；拘也者，介之徵也。

7 當然可以再追問，以「偏」來作分類判準的根據，其本身根據又是甚麼。對此，劉劭採用了當時流行的陰陽五行學說作先天根據，我在下面「從哲學觀點看」一節有簡略討論。

剛直的人，一旦看見缺失，便即起而攻之，彷彿條件反射，但卻易招人厭煩。又或像性情溫和的人，對人一味和順，遇到小人時卻反成懦弱的態度。一直一和，雖似相反，但共通地方，就是有其得「必然」有其失，所以他才說「偏才之性，不可移轉」（〈體別〉）。於是，我們就可從其強弱得失，將之在人才矩陣中歸類。〈體別〉篇的分析更加詳細，但原理與〈八觀〉相同，且因篇幅關係，我就留到該章才詳講。

2. 各類人才如何跟不同崗位配對

由於「偏才之人，皆有所短」（〈八觀〉），所以把人才配置到不同崗位時，不得忘記「人才不同，政有得失」（〈材能〉）的後果，亦因此用人時不得不考慮其優勢與弱點。除此之外，劉劭亦提出了崗位與性格的關係。下面將分別討論兩者。

第一，人物的能力與任免的關係。

〈材能〉篇中，劉劭分析了八種才能的人的優劣後，指出了各人相對於不同崗位的宜與不宜。與此相同，〈流業〉篇則區分了十二種行業者所對應的特質。未深入交代前，我必須要指出，所謂八種、十二種，不應耽溺於具體數字，事實上，古代的官職崗位與今天社會的工作體系在質、量上都不能相比擬，所以我們要吸收的是其原則，而不是其具體分類。

〈材能〉篇甫始即依能力型態，區分了兩種基本人才，一種能力較大的適合郡國的治理，另一種能力較小的，適合當地方官。從劉劭把兩者之異的焦點放在「總成其事」及「事辦於己」而言，我認為以今天的語言來解讀，可將兩者理解為「政務人才」及「行政人才」之別，亦即類似英式文官制度中的「政務官」(administrative officer) 與「行政主任」(executive officer) 的區分。「總成其事」有讓部屬辦具體之事，自己則制定總的方向或政策的意思；而「事辦於己」則從具體之事由自己辦理一點來看，實為行政實務人才無疑。政務人才不能與行政人才相混淆，因前者着眼於長遠大局的策略性部署，而後者則微絲細眼，心細如塵，事務縱然繁瑣，仍給他處理得井井有條。但若要他制定策略性計劃，恐將導致現代管理學的所謂「彼得定律」(The Peter Principle)，即把有特殊表現的人不斷擢升，直至不能勝任的地步，結果適得其反，資產變成負資產。[8]當然，政務人才可調任至行政崗位，但卻有大材小用之嫌。

以此作基礎，劉劭便從不同角度分析人才的能力與其適合的崗位。首先，依據〈材能〉篇，能力有八種：

---

8 Laurence J. Peter; Raymond Hull (1969). *The Peter Principle: why things always go wrong*. New York: William Morrow & Company.

八種能力	能力特點
自任之能	自覺力與自發性強，能當大任
立法使人從之之能	制定規範、標準、辦事程序的人
消息辨護之能	善於溝通，解難能力強
有德教師人之能	仁德典範，可為表率
行事使人譴讓之能	調解衝突的高手
司察糾摘之能	善於查找不足，將隱藏的錯誤找出來
權奇之能	頭腦靈活，具創意的解難高手
威猛之能	具威武勇猛，殺敵制勝的能力

（表三：八種能力）

那麼，具有這些能力的人適宜派遣到甚麼崗位呢？在〈流業〉篇中，劉劭把職業分為十二類型，部分與上面八種能力的區分有重疊，由此可以看出不同能力的人能勝任哪些職位：

十二流業（職業類型／崗位）	特質	崗位	與八種能力分類重疊處
清節家（能力雖單一，但極純粹精微）	德行高尚，足為人法	師氏（即皇族子弟教師）	有德教人之能
法家（能力雖單一，但極純粹精微）	制定法律、建立制度，有利社會中人的多邊行為，而使國家富強	司寇（為刑獄之官）	立法使人從之之能
術家（能力雖單一，但極純粹精微）	能看通大局，有長遠計謀	三孤（為三公即宰相的副手）	權奇之能
國體（集上述三者於一身並強）	上述三種才能俱備，並且很強，是治國大才	三公（宰相級高官）	上述三種才能俱備
器能（集上述三者於一身但弱）	上述三種才能俱備，但不算強，雖未致於治國，但仍足獨當一面	冢宰（為宰相以下的六卿之首）	上述三種才能俱備
臧否（清節家末流）	近於清節家，但其身雖正，卻未能容人之不正，以致不能導人向善	師氏之佐（皇族子弟教師的副手）	有德教師人之能
伎倆（法家末流）	近於法家，但所制定的規範制度，欠缺宏觀的視野，只圖一時之效	司空之任（工程官長）	立法使人從之之能

智意（術家末流）	近於術家，但亦欠缺宏觀的視野，所以計謀只有一時之效	塚宰之佐（為六卿的副手）	權奇之能
以上八類皆為人才，強的能治國，即使弱的也是不錯的臣才。以下則為具體的特殊專長，可負責安邦治國所需的具體事務。			
文章	長於文字寫作	國史之任（史官一類官員）	
儒學	善於傳承聖人的理想，但僅只於此	安民之任（並非官職）	消息辨護之能
辯給	能言善辯，游說力強，但道德情操不一定高	行人之任（司掌禮儀之官）	消息辨護之能
驍雄	膽識過人，又有材略	將帥之任（統領軍務之官）	威猛之能

第二，人物的性格與任免的關係。

至於人物的性格與其職位之間的關係，劉劭在〈體別〉篇亦特別提出加以討論。文中舉出十二類人的典型性格所衍生的問題，用人時必須加以留意，免生事端。

第一類叫「強毅之人」，此種人氣勢凌人，彷彿身上能發出堅勁的氣場，壞處是難以合群、拙於和眾。但是，以他來壓場則勝任有餘，若任用他來制定規矩，則可噤人之聲。

第二類是「柔順之人」，性格剛好與「強毅之人」相反，處處讓人，雖然在危急時處事不夠利落，但是委以適當崗位，可成團隊的黏合劑。

第三類為「雄悍之人」，顧名思義，此類人具強悍之風，處事一味一往直前，甚而魯莽衝撞。不過，若需冒險犯難，確又是一名上佳拍擋。

第四類稱「懼慎之人」，以畏首畏尾、墨守成規為其特點。但小至一個團隊，大至一個國家，實在是需要一些做事謹慎、不會違規的人，以完成餖飣瑣事。所以委派此等人辦理常規性的小事就最合適了。

第五類叫「淩楷之人」，有孤芳自賞、自以為是的性格。但若對此缺點善加利用，亦即當他認同組織的政策時，則可以多一把支持的聲音。

第六類是「辨博之人」，要留意「博」不同「駁」，此類人不是好辯之徒，而是一發其言，便滔滔不絕，霸佔談話空間而不自知，所以常有言不及義的毛病，但與之聊天，必有助談話題，對團體能起氣氛搞手之功。

第七類為「弘普之人」，這類人慈善濟眾，為「博愛主義者」，不論是非好壞都一併照顧，愛心已近泛濫程度。但是，若以他統領救濟一類工作，則恰到好處，用之得宜。

第八類叫「狷介之人」，以守正不阿見稱，但常流於搶奪道德高地，不講情面。但是任用此類人卻不虞其使詐，對穩定團體有正面作用。

第九類是「休動之人」，貌似很有理想，實則眼高手低。但因其有顧前不顧後的性格，在創業期時加以授職，可以加強前衛的蠻勁。

第十類稱「沉靜之人」，與「休動之人」剛成對照，此種人做事患在過於深思熟慮，易令團隊工作停滯不前。但若善加利用，在政策推出之前，讓他找出疏漏則十分恰當。

第十一類是「樸露之人」，此類人優點是直，是正直之「直」，但缺點也在直，是直露之「直」，亦即不能守秘。但若委以「輕」任，則將會戮力以赴。

第十二類亦是劉劭所提的最後一類，稱為「韜譎之人」，是為心術不正、伺機上位但又不願吃虧的人。此類人職場上比比皆是，由於太多，若不加利用，則兵卒不足，所以關鍵是怎樣利用，而不是棄之則吉。劉劭的建議是若有美善之事，可使此類人負責表揚，但始終不能委以重任。

（三）小結

劉劭對職場上不同人才種類的分析，具體而微，周全完備，難怪千古以下，為人推崇備至。不過，《人物志》一書，其義之豐，其理之周，容許多維度的解讀。此書的價值，不但可從人物品鑒、人才選拔的管理角度加以欣賞，事實上，其論人的高度與深度，駸駸然已超越管理學，而進軍哲學的境界，所以，在下一節，我將會提出幾個與哲學相關的問題，讓讀者進一步了解《人物志》深刻的智慧。

二、從哲學觀點看：《人物志》的「天賦決定論」

《人物志》在哲學上有兩項貢獻：一是哲學意義的，一是哲學史意義的。就前者而言，論者一般都談此書有關陰陽五行理論的內容，亦有從所謂知識論角度論之，都各有精彩處。在此導讀部分，我想略談作者劉劭在書中的「天賦決定論」觀點，另外，我亦想就此書的學術淵源，略說我的看法。[9]

以孔孟為代表的原始儒家，跟以老莊為首的道家，在許多問題上，縱或有天淵之別，但對萬事萬物本質的理解，卻頗有可相比擬之處。對孔孟而言，盡心知性知天後，了悟宇宙是個有情世界，天道在萬事萬物背後，默然運作，「潤澤蒼生」[10]。於老莊，「道生之，德畜之，物形

9 《人物志》在哲學的貢獻，多至不勝枚舉，當中新儒家代表牟宗三先生（一九〇九至一九九五），最具啟發。牟先生在《才性與玄理》中指出，由孔孟到宋明儒所開出的人性論理路，以道德為人性內核，亦即界定性特徵，是人與其他一切有生命血氣者的分別所在，此固然為中國哲學中的精粹。但對人落實在具體人世間時所綻放的美學生命，卻並未能如《人物志》所了解得透徹。所以，牟先生認為，《人物志》正好補充了傳統哲學的不足，兩者湊合一起，便使人性的全部意蘊得以徹底展露。詳見牟宗三〈人物志之系統的解析〉。

10 此為典型的當代新儒家學派的觀點，讀者可隨意翻閱新儒家宗師級哲人如唐君毅、牟宗三、徐復觀等，或他們海內外無數弟子的著述即知。

之，勢成之」[11]，其中「之」一字指的就是總括有形與無形的萬事萬物，意指天道不但生成、規範萬物，並且潤澤草木而不居功，默察一山一石於無心無念之間。總之，儒道對宇宙萬物的理解，都不是一種全然命定的機械觀點。

與孔孟老莊相較，《人物志》對宇宙的形成與萬物的本質，其形上預設，有明顯的「氣化論」傾向。所謂「氣」，是一股在天地間無處不在的物質力量，而所謂「氣化論」，簡單講是指天地間的一動一靜、一往一來、一升一降、一榮一枯，以致四時變化，溫涼寒暑，萬物的生長收藏，莫不由此股充盈宇宙的力量所支配。莊子〈知北遊〉的「通天下一氣耳」便常給援引以作「氣化論」的佐證。固然正如我上文所言，莊子並非氣化論者（或至少不是典型的標準的氣化論者），但莊子此語的確是氣化論的最佳注腳。氣化論既以萬物的運作早受氣的支配，所以其「機械論」的特色便不言而喻。

此以機械論為其主要特徵的氣化論，在西漢時董仲舒手上，被極大化地發揚光大。劉劭生於兩漢之末，學術界思變之心雖昭然若揭，但劉劭本人在宇宙論方面，受董仲舒影響甚深。《人物志》甫始即一錘定音，認為每一個人（以及萬物）的才能來自五行的比重分佈，而五行又衍生自元一及陰陽的先天格局，那麼，循此以推，其邏輯結論必然是每一個人的稟賦，都是被先

11 老子《道德經》，第五十一章。

天決定了的，亦即是每一個人，由機體的構造到心理、心靈，再到精神層面，莫不由先天因素模塑，因此，是此則不能為彼，是彼則不能為此。其論證結構，其實是一標準的「三段論」式：

凡陰陽五行賦與的本質都不可改變（前題一）
人的本質由陰陽五行所賦與（前題二）
所以，人的本質不可改變（結論）

認為人的本質不可改變，並且此本質之所以不可改變，是因為他的稟賦全部地由先天所決定，如此一來，便具極強的先天決定論色彩。所謂「先天決定論」，是指我們一切的行為、心理活動、或性格特徵，其表現形式、方式、型態等等，一早已有先天傾向性，彷彿其表現範圍一早已給圈定，不得逾越，一切皆由先天因素（即陰陽五行分配的不同比例）所構成，個體本身不能改變。在這裏，自由意志可說不起作用。這樣說，當然並不表示個體每一項具體行為、活動等等，在個體未有意識前已被決定，而是指我們行動的可能性是被設定到只能在某一系列的型態範圍內表現出來，但具體的表現要視乎當下具體情況而有所變化。打個簡單比喻，一隻手錶在製造時只有十二格，於是指針無論如何也不會指向第十三格。但在具體的時刻中，指針指向哪一格，就由當下哪一刻決定。上文那句「表現範圍一早已給圈定」，說的就是這個意思。

換另一比喻，可以把先天稟賦看成電腦的硬體設定，而具體行為、心思、意念等等則有如安裝在硬體上的軟體。軟體的安裝首先必須要與硬體兼容，否則軟體的潛在功能無法得以實現。一種軟體可以有很多功能，但無論如何運作，它的所有可能的表現一早已由硬體的環境所圈定，亦即被限制。在劉劭的論述中，硬體被稱作「情性之理」，[12]屬先天的設定，原則上不可知，亦因此不能被觀測得出。可幸的是，一個人的內在的才質，都體現在其一言一行、一舉一動，甚至一顰一笑中，否則全書斷言人的本質可被觀察則頓成空言，所謂「聽其言[13]而（便可）知其人」是也。

這就引來一個有趣的問題：每一個人的才能、性情、心態、心理、傾向等等，到底在多大程度上可以受後天因素所改變？

對先天決定論不論是否贊同的人，都有的一點共識，就是從體質、體型等等層面而言，我們擁有的特質幾乎全數都是由先天因素所決定的。一個百病纏身並且身材矮小的人，無論有如何密集的系統訓練，恐怕終身與NBA無緣。但是記憶力、一般性的認知能力，則經後天培訓後，往往可以有頗大的躍進。即使在剛提及的體育領域裏，一個骨格精奇的人，縱有天縱之

12 見〈九徵〉首句。

13 「言」也包括行為等外顯的表徵。

資，若無恰當的訓練，相信仍無緣於任何成就。這些不單是今人的常識，古人一早就多有論述。後天的訓練，在古人的語言裏，往往就是「學」。論語首章〈學而〉，即標舉一「學」字；荀子在赫赫有名的〈勸學〉篇中，亦說「學不可以已」。

古人口中的「學」，今人稱為「教育」。從社會制度的角度來說，改變人屬後天的力量，最主要的就是教育。換言之，前段的問題可重新表述為，每一個人的才能、性情等等，在多大程度上可以受教育所改變？就此，劉劭的看法有兩點值得留意：第一，教育使人的先天稟賦日臻完善；第二，教育鞏固了人的先天弱點。

乍看之下，此兩點似互相矛盾。一者激發潛能，使之盡善盡美；而另一者卻扼殺生機，使視野更形狹隘。不過，如果細看，矛盾只屬表面，稍加分析，即知劉劭有此怪論實在是順理成章的。〈體別〉篇有言：

> 夫學所以成材也，恕所以推情也，偏材之性不可移轉矣。雖教之以學，材成而隨之以失。雖訓之以恕，推情各從其心。信者逆信，詐者逆詐。故學不入道，恕不周物，此偏材之益失也。

意思是依一般看法，教育使人的才能得到發展，道德水平亦可提升，能做到推己及人。但在劉劭看來，一個具偏才的人，教育無疑可有助於其所偏之才的發展。但偏才的定義，意味着他有所缺憾，所以就其所欠之才而言，其偏才越盛，其憾越顯，其缺點缺憾更形暴露於世人面前。就以推己及人為例，本來是抽離自身以體察別人感受的無上法則，但一個偏才，只囿於自己的世界，所謂推己及人，注定淪為以己心度人。如果他偏於信人，他就認為別人也很容易相信他，或值得相信，而對人疏於防範；如果他偏於使詐，他就認為別人也會欺詐自己，而對人有所防。於是，無論怎樣學，無論怎樣恕，都與客觀真理緣慳一面。

所以，如果連最有資格改變人本質的教育，其實也不能改變人的本質，還有哪種方法、力量等等可資利用來改變人呢？職是之故，牟宗三根據對氣化論的分析，斷言以之作理論根本的任何學說，都具有「性成命定」的觀點，亦因此「為徹底的命定主義」[14]。牟氏的分析，若將「命定」二字弱化為「決定」，則誠不虛言。兩者的分別，簡單而言，是「命定」意味只能如此，但不能如彼，其間並無變化餘地；但「決定」則表示被決定者可有變化，只是其變化的方向、方式、軌跡、範圍等，已一早被圈定，彷彿被程式化了一樣。但即使如此，仍有變化發展的可能。承上文的譬喻，前者就像一幅時鐘的硬照，拍攝時的一刻是一時就是一時，是五時就是五時；但後者則如一個能正常運作的時鐘，指針不停隨時間的流動而轉動，但其變化始終都在設

14 牟宗三（二〇〇三），〈人物志之系統的解析〉，《牟宗三全集——才性與玄理》，頁三十三。

計時的十二個小時之內，可以是一時，可以是五時，但斷不會是十三時（此處當然是就十二小時制，並且排除了藝術創意的「非常」之鐘而言）。又好比一個只懂漢語的人，因只具單一的語言知識，因此他雖於具體情況，會說出不同的漢語句子，但所說的只能是漢語句子，而無法說出任何其他語種的句子。換言之，他一出生所能「生產」的語言總體，一早已被決定了。

當然，研究者中亦不乏堅持劉劭並非「先天決定論者」，臺灣的呂光華是其中之一。[15]他雖然同意，以劉劭主張「學不及材」及「守業勤學，未必及材」來看，「劉劭認為先天的稟賦資質，比後天的修養力學來得重要」，但他仍認為，由於稟賦只是潛質，所以「還需後天力學，才能成材」，而既然劉劭也推舉「學」的重要，因此，這就可證明劉劭是不反對「後天修養工夫」。又既然他不反對後天修養工夫，所以劉劭不是「先天決定論者」。

不過，呂光華的論證是建立在把「決定論」與「命定論」的混淆上，依他的理解，「決定論」是指「事物存在和發展過程，本身具有因果性、必然性和規律性」。[16]但這個理解較符合「命

15 呂光華（二〇〇九），〈論劉卲《人物志》的性質目的及其修養論〉，《興大人文學報》，第四十三期，二〇〇九，頁七十九至一〇四。此外，江建俊（一九八三）《漢末人倫鑒識之總理則——劉卲（按：即劭）人物志研究》亦大談「修養論」，並於該章結尾處謂：「故人之欲求其大用，務先自平淡處修養焉」。見氏著，頁八十。但文中並無正面討論，在陰陽五行為人才質的先天來源的框架下，如何有修養的可能。

16 呂光華，同前，頁九十四。

定論」（fatalism）而非「決定論」（determinism），後者的斷言在以下的意義下比前者弱得多，即容許事物可以有變化發展，但仍聲稱變化發展的範圍、軌跡等一早已被給定，這就是我以上時鐘的硬照與正常運作的時鐘的比喻下的分別。

再進一步說，劉劭「信者逆信，詐者逆詐。故學不入道，恕不周物，此偏材之益失也」的斷言，明顯地說明了不論怎樣學習、修養，偏者不單「不（能）入道」，最關鍵的是他只會越走越遠，甚至永不回頭。劉劭說「益失」，此一「益」字，用意在此。因此，我仍堅持，劉劭是一「天賦決定論者」，但當然不是「天賦命定論者」。

三、《人物志》的學術淵源

《人物志》在不少傳統文獻中，分別被定性為儒家（清代名臣張之洞在《書目答問》卷三中，把《人物志》列入儒家學說。）、雜家（清代集體巨構《四庫全書提要》總評此書時說：「蓋其學雖近乎名家，其理則弗乖於儒者也」，因而歸之於雜家。）、道家[17]或名家（《四庫全書提要》亦提到「《隋志》以下皆著錄於名家」。隋唐《經籍志》亦將之列於名家之下。），晚近及當代學者亦多有類似看法[18]。這固然反映了歸類者本身的時代背景與學術傾向，但同時或多或少顯示出劉劭本人強大的綜合能力，這點，不少學者早已指出。[19]事實上，我在上節分析劉劭的「天賦決定論」時，已指出其「氣化論」預設，是深受董仲舒的影響，而董仲舒本人則吸收了陰陽家的宇宙觀以提煉成自己的「天人合一」哲學。所以，說劉劭是陰陽家或博採諸說的雜家，並非毫無根據。

不過，我認為在某一意義上，任何人都是雜家。對任一個身處特定空間維度的人來說，若在時間維度上曾出現過百家爭鳴、並且互相滲透的思想，我不相信他可以依然抱持純粹的一家之言。好比一個帶藝學師的武術高手，真能做到類似「散功」的行為，才去重新投入新的門派？

17 臺灣易學專家劉君祖在為《人物志》作的導論中，引近代著名史學家張舜徽的《周秦道論發微》作旁證，認為《人物志》既大談「君王南面之術」（即古代君王駕馭臣民之術），因而可與道家相比擬。見劉君祖（一九八三）《人物志》，臺北：金楓出版社。

18 持「糅合」觀的比比皆是，茲僅舉湯用彤為例：「魏初學術雜取儒名法道諸家，讀此書（按：即《人物志》）頗可見其大概」。見湯用彤（一九六二），《魏晉玄學論稿》，北京：中華書局，頁二十五。

19 如江建俊（一九八三），《漢末人倫鑒識之總理則——劉卲人物志研究》，臺北：文史哲出版社，頁四十三。

請不要忘記，三國是中國經歷自春秋戰國以來，最大規模的社會解體時代，各種思想在對兩漢正統儒家學說蠢蠢然發動顛覆運動，民間與學術界不同思想互相比併，互相影響。更何況所謂的兩漢正統儒家學說，是由受陰陽家影響甚深的董仲舒一手炮製；而兩漢之前，又經歷過長時期的春秋戰國諸子爭鳴的局面？正是在此意義下，劉劭與所有其他人，都是雜家。因此，指任何人，包括劉劭，屬於雜家，除非能準確釐清「雜家」之「雜」所蘊含的界定性特徵，否則沒有太大的實質學術意義。

所以我認為，單是指出劉劭糅合上古各家各派學說，而獨欠指出他最終歸於何家，是稍嫌平面，必要待點出他的立足點，及以百川匯海之勢，統攝諸家而形成一自圓一致的系統學說，才可對劉劭的學術貢獻有一立體的縱深體會。下面我想簡略說說我的看法。

我認為《人物志》理論根底是儒家的，具體而言，是儒家的「仁者」學說。仁者至高的境界就是聖人，聖人者何？其實就是最高理想人格的原型（prototype），在《人物志》中被描述為具有「兼德」、「中和之德」，是「中庸精神」的徹底體現者。「中庸精神」在書中的界定性特徵為「沖和」，能統攝諸德與眾美，亦即匯集天下之至善至美以及最高能力於一身。但弔詭的是，正由於包羅萬有，所以沒有崢嶸的稜角（「平淡無味」〈九徵〉），處處圓融，沖虛自守，變化無方（「變化應節」〈九徵〉），因而遠看近觀，反予人「平凡」之感。[20]

常人以為，所謂聖人必定是光芒四射、大放異彩、漪歟盛哉。但劉劭獨排眾議，認為聖人是不易辨識的。其原因有二：其一，聖人為人才之極品，在眾人之中沒有比之更能極盡人性的精華，惟其如此，其行事為人，獨闢蹊徑，遠離眾生。在討論考察人才所容易犯七種通病的〈七繆〉篇（歸入全書的第十篇，屬下卷部分）中，劉劭如此說：

> 雋傑者，眾人之尤也；聖人者，眾尤之尤也，其尤彌出者，其道彌遠。

所謂雋傑，文中劉氏舉韓信、張良為例，此二人在未得提拔至其崗位以發揮其內在潛能之前，其能力並非人人皆知。他們已是人中之龍鳳，但比之聖人猶有不及，若韓、張二人之才幹尚且不易察知，何況聖人？所以說，「其尤彌出者，其道彌遠」，即是說，其才越高，其行越深，因此其才越發難知。緊接上段引文，劉氏所說的「出尤之人，能知聖人之教，不能究之入室之奧也」的「奧」字，指的就是聖人之才秘而難知。

20 錢穆對劉劭提出「平淡」二字以界定聖人十分激賞，謂「反覆玩誦，每不忍釋（，）至今還時時玩味此語，彌感其意味無窮」，見錢穆（一九八一）《中國學術思想史論叢（三）》，臺北：東大圖書有限公司。

不過，雖然聖人獨闢蹊徑，遠離眾生，但此並不表示他標奇立異，遺世獨立，特立獨行，若如此，則一旦他功名得立，一定會如上文所說的「光芒四射、大放異彩、漪歟盛哉」。非也！相反，依劉劭的分析，聖人沖和平淡，實而不華。在全書原序中，劉劭說孔子：「又歎中庸以殊聖人之德」（〈序〉），「中庸」者，中間着墨之謂也，言不偏不倚、無過無不及之謂也。劉劭以孔子為例，他讚歎中庸，以之為聖人最高境界，以垂教學生，本人當然亦已早登中庸之境。是故我們每讀《論語》，只見一德行高潔的長者，將他一生經驗所鎔鑄的智慧，向人諄諄教誨，循循善誘，娓娓道來令人如沐春日和煦之風，無適無待，淡然暢然。相反，讀《孟子》，以致《老子》、《莊子》，每至其精彩處，如臨夏日的風暴或秋冬之肅殺，尤其至他們辯論詰難處，或屏息觀之，或拍案叫絕，甚或不知手之足之舞之蹈之。但這比之於孔子之中庸平淡，恐怕又有未逮矣。

聖人之所以如此，是因為他已與天地陰陽達至完美的同構關係，謂之「與天地同流」可也。《人物志》甫始即已為人的本質，提出一套形上學的解釋：

> 凡有血氣者，莫不含元一以為質，稟陰陽以立性，體五行而著形。（〈九徵〉）

天下間凡有生命的，皆是以宇宙間最基始最本原的基質（即元一）為其生命「模版」，物種的千差萬別，是取決於陰陽稟賦的不同比例，再因五行具體的變化，而形成生命型態的實際個別差異。這意味着有些物種比起另一些物種更為優越，「更為優越」的意思是指該物種在面對外在生存環境與內在系統環境時，是一更有效的生命型態。這是從種際差異角度來說，同一道理也可應用於同一物種中的個別差異。所以人雖鍾天地之靈秀而優於眾生，但在人此一物種中，仍存在人際間的巨大差距。所謂聖人者，無他，就是得到陰陽五行最完美的比例配搭的人，劉劭形容聖人為兼德者並非無因，兼德之「兼」就是齊備陰陽五行因而達至最高均衡狀態之意。能達至最高均衡狀態的，可以理解為與元一具有完全相同的結構，即是上文所謂之「同構」。人在天地間生活，一呼一吸莫不自然，因而如魚在水中，對之習焉不察，反無感覺；同理，聖人無棱角，無常勢，是故不易為人所知。我在上面曾引〈七繆〉篇，指出知人難，知聖人更難，正可與此處分析互相印證。聖人以外的人，有兼才，有偏才。他們都是由陰陽五行只取一端或數端者，因而比重不均，五行中某一方面較強的，就在相關領域顯得突出，因而棱角崢嶸，易為人察覺。

在《人物志》中，聖人的特質與儒家相關的，其實還不在其陰陽五行的稟賦，若單是如此，則我說《人物志》的理論根底是儒家的便是空言。事實上，找出劉劭最後的歸宗，在於劉劭為五行賦與了儒家式的倫理性質。陰陽五行學說，一般人總誤會為陰陽術數之士所獨有，非也，此學說其實是上古先民共同的知識背景，因此，陰陽之家固然有之，但同時道家老莊論之，法家名家審之，易經學說議之，儒家當亦不會例外。劉劭以五行對應儒家之五德，並不必然表示就是陰陽家路數。即使如是，經劉劭以儒家仁德觀念創造性地詮釋過後，陰陽術數之味，已去之七八。

《人物志》以五德配五行，可表列如下：

五行	木	金	火	土	水
五德	仁	義	禮	智	信

（表四：《人物志》五行五德相配表）

以文字申之，即木配仁德、金配義德、火配禮德、土配智德、水配信德。由五行忽然躍至五德，不免突兀，所以劉劭提供了一個與人身構造有關的介面，使德行二者的關係具有物質基礎：木在骨相上、金在筋脈上、火在氣息上、土在肌肉上、水在血液上。此亦可以表列之：

五行	木	金	火	土	水
身體介面	骨	筋脈	氣息	肌肉	血液
五德	仁	義	禮	智	信

（表五：《人物志》五行五德五體相配表）

這種論述方式，今天我們讀來相信多會格格不入，但我們不應束縛於文字的表面意思而以為木骨仁等真具有客觀關聯，或以為劉劭自以為有實質客觀證據因而斥為無稽。我們在詮釋文獻時，應考慮其時空背景，尤以時空皆與我們頗有距離者為然。五行等一系列的術語，是當時學術界共通的語言，以之作為論述媒介，合情合理。因此，在理解及詮釋劉劭這段文字時，最重要的，是明白他旨在指出，人的品格是由先天的稟賦所決定，不同的稟賦是與人的德性秉持息息相關的，換言之，是與生俱來的。當某甲擁有仁德傾向時，他在行為表現的可能性上，由先天賦與，亦因此必定如此，而不能如彼（但這並不表示他一言一行早已被命定）。由於各人的稟賦可歸入五行的各種類型，而各種類型是由先天所決定，再進而先天所決定的類型與五德相表裏，所以，歸根到底，劉劭是在儒家的概念框架底下來理解人的本性以至人才的本質。由此看來，他在原序中推許孔子，並謙稱「敢依聖訓，志序人物」，意在表示自己的論述基礎出自儒家，實非作偽之詞。

雖然《人物志》立足於儒家，但如不少學者所倡，劉劭的確有博採眾說，以取兼收並蓄之效。比如從外觀及具體的行事風格來判斷人才的〈九徵〉、〈八觀〉等篇，與莊子的「九徵」法（〈列禦寇〉）、姜太公的「八徵」法十分雷同，皆是以有諸外則形諸內的原則來考察人物，《人物志》有明顯吸收的痕跡，就連篇名都直接挪用。《人物志》以聖人沖虛平淡，極高明而道中庸，反不易為人所知，則有老子「大智若愚」的影子。甚至有論者指出，劉劭分偏才為十二，其中的「法家」、「術家」等職業名目，亦明顯襲自法家。凡此種種，俱為劉劭博採諸家，冶為一爐的明證。不過，我仍得強調，《人物志》的基調，尤其德與才合的主張，聖人集諸德於一身的觀點，及抽象的五行落實為具體的五德的堅持，劉劭以儒家為本的理念，實彰彰甚明。

四、作者劉劭及成書背景

《人物志》作者劉劭[21]，生活於三國時代。所謂三國，不僅是魏、蜀、吳的總稱而已，而是一個大時代。這段期間，風雲際會，人物起起跌跌，歷史以幾近光速，剎那一個小變，分秒一個大變。劉劭之所以寫《人物志》，而《人物志》又受當時（以及後世）的高度重視，當然有其時代背景，但與劉劭本人的能力與功力，卻有莫大關係。

劉劭博覽群書，學貫百家，上至天文，下至地理，旁及文、史、哲、政、經乃至人事管理

21 劉劭之名，《三國志》有《劉劭傳》，其名作「劭」，今天流行版本亦多作「劭」。但不少文獻，如隋唐《經籍志》、宋阮逸〈人物志序〉、清《四庫全書》等卻又記之為「邵」。對此，今人楊新平及張鍇生在《智慧之門·人物志》中有初步考證，認為劉之名應作「劭」，只不過「在北魏時期為避彭城王元劭之名諱」，才一度被易為「邵」。見楊新平、張鍇生（二〇〇四）《智慧之門·人物志》，頁二至三。

學。他在《人物志》裏，一口氣展示了他是個藝術鑒賞家、系統思想家、個性心理學家和身體語言專家。若以今日語言來表達，則是學貫中西，徹頭徹尾通識專家一名。

根據陳壽《三國志》卷廿一的〈劉劭傳〉，劉劭為三國時魏朝的廣平邯鄲人，亦即今河北省邯鄲市人。傳中無記載其生卒年份，一般學者則經考證後，認為當生於漢靈帝建寧年間，即一六八年至一七二年，並於魏齊王正始年間，亦即二四〇年至二四九年下世。大約在漢獻帝年間初次為官，歷任計吏（相當於文書處理一類的低級官吏）、太子舍人（即太子的屬官）、秘書郎（相當於會議秘書）、尚書郎（掌理呈交司法部門的文件）、散騎侍郎（掌管騎兵衞士）、陳留（即今開封）太守（相當於州長）等，後曾受封「關內侯」，死後則追贈光祿勳（掌管宿衞侍從）。生平著作非常豐富，編有類書《皇覽》，為魏明帝制定《新律》，還著有《樂論》、《律略論》、《法論》、《新官考課》、〈許都賦〉、〈洛都賦〉等，著作多已散佚。目前僅見《人物志》、〈趙都賦〉、〈上都官考課疏〉等。從其著述種類來看，劉劭在經學、法學、文學、音樂[22]，以至人事管理學都深有認識，且在相關領域具有紮實的資歷。人文學成就如此之高，其於天文學亦同樣精彩。建安年間，他以一人之力，駁斥一眾悠悠之口，斷言當時日蝕預言之謬。凡此種

22 《樂論》之「樂」，指禮樂之「樂」，原非指音樂，此書倡議「制禮作樂，以移風俗」，但當中其實就牽涉了將音樂普及化，以使社會免於因政治、經濟、民生、戰禍、天災等「無常」因素所帶來的緊張，從而教化或陶冶人民的心靈。

種，以現代標準來看，劉劭無疑是個通才，加以他著作如此豐茂，若身處大學環境，早已給聘為終身教授。

關於《人物志》的成書背景，我們要注意的應是漢帝國崩潰前後兩個劃時代的轉變：第一，選拔人才的方式；第二，經學式微與個體解放之間的關係。

漢朝以察舉制選拔人才，所謂察舉制即從兩方面來判斷人才的高下：其一是由上而下式的「考察」，亦即官吏被派到國內不同地方直接羅致人才。但由於人生路不熟，考察人才的官吏其實頗仗賴地方勢力的推薦，於是除「考察」外，便有「推舉」的產生，亦即由下而上的推薦，由地方社會賢達推薦後，再由地方官推薦入中央。進入中央後是要經類似考試的考核檢定，才會量才授官。但當中為時人所特別重視的一科卻與考試關係最淺，此即為推舉「孝廉」。漢代名義上罷黜百家，特標儒術，而儒家是以重孝為名，因此，順理成章，對孝子賢孫禮遇有加。當時有不少人是循「孝廉」一途進入政府當官的。

察舉制初行時的確是有利於人才選拔，有能之士從全國四方八面如進龐大的運河系統般，一批一批被運往中央政府，不單大大加強社會上下階層的流動，在周秦以來的封建世襲制中破開缺口，更加重要的，是加強了社會精英分子對國家的向心力，從而鞏固政權，而政權得以鞏固反過來亦意味着社會的穩定。兩漢輝煌的成就與察舉制的關係是很難被誇大的。

然而，像人世間所有事物一樣，制度難免有生老病死。一項制度如不能與時並進，並且因其曾偉大過而以為它是神聖不可侵犯，因而任其老化、僵化、形式化，最終是所有人都是受害者。察舉制由於倚重個人的名聲，仗賴主事者的主觀判斷，最終淪落為一陳陳相因，人脈關係環環相扣，繼而重蹈世襲型態的落伍制度，並最終令吏治敗壞，當中舉「孝廉」就常有作偽事件的出現。這實在不能不說是歷史的弔詭。

直至曹操掌權，深明在大時代裏人才的重要，於是三次下令求賢。[23]不過，所求的「賢」，其內在語意已偏離漢代儒家系統，而出現一種「去道德化」的現象。「賢」變為只講求能力而與道德無涉，他那句常被援引的話「唯才是舉」[24]，人們耳熟能詳，若不深究其背景，幾乎淪為陳腐語。

求才而不求德，正是針對因察舉制而生的世襲階級的一服貼身藥。不過，既要求才，那麼與漢初時一樣，都面臨相同的難題，就是如何尋找判斷有才能者的客觀標準。漢朝用了察舉制，成也在斯，敗也在斯，所以至曹魏時不可再用。於是，月旦人物、品評人才的論述便應運而生。依現存史料來看，當日相關的討論與爭辯，熱哄哄多得不可勝數，獨劉劭的《人物志》能歷經千餘年，不但沒被淘汰，並且駸駸然有演成顯學之趨勢，海峽兩岸學者多有論述，外國學人則

23 三次求賢令分別在建安十五年、十九年及二十二年發出。
24 《三國志・魏志・武帝紀》。

由美國的 J. K. Shryock 於一九三七年的專論專譯肇始，[25] 一九七五年則有新西蘭奧克蘭大學的 Lancashire 教授的期刊論文[26]，到管理學者對《人物志》的重視，在在都說明此書的價值。

五、《人物志》各章主旨

全書不計原序，共十二章，依原書分為上卷、中卷、下卷三組。但卷下首篇的〈八觀〉，亦即全書第八篇，論內容似應歸入中卷，現依原書分卷法及根據內容重分後的分組，列表於下：

原書		本書
上卷	〈九徵〉、〈體別〉、〈流業〉、〈材理〉	理論研究
中卷	〈材能〉、〈利害〉、〈接識〉、〈英雄〉、〈八觀〉	應用研究
下卷	〈七繆〉、〈效難〉、〈釋爭〉	常見通病

25 Shryock, J. K.（1937）. *The Study of Human Abilities*. New Haven: American Oriental Society.

26 Lancashire, D（1975）. “Man Determined or Free-A Study of Liu Shao’s Treatise on Man”. Journal of the ANZSTS. 17-32.

至於各篇主旨，可於下表見之：

目次	篇名	內容
第一篇	九徵	討論如何從人的外在生理特徵，即神、精、筋、骨、氣、色、儀、容、言等，判斷其內在天賦才能，藉此為全書奠定理論基礎。
第二篇	體別	指出只有聖人才符中庸標準，其餘則因不同的氣質而對中庸有所偏離，而有抗者（過亡）和拘者（不逮）之分，當中再細分為六類，以說明其優點與缺失。
第三篇	流業	劃分十二種職務分類及其對應人才類型，亦即清節家、法家、述家、國體、器能、臧否、伎倆、智慧、文章、儒學、口辯、雄傑。
第四篇	材理	從辯論的表現來看一個人的能力型態，藉以討論人才和說理的關係。理有四種，即道理、事例、義理、情理，常人往往只通一理。
第五篇	材能	從另一角度，列舉了八種不同才能的人才，指出他們適宜的職務。
第六篇	利害	分析六種人才在被錄用與不被錄用時的差別，以此指出人的性格、心理型態與自身命運的關係。
第七篇	接識	討論偏才一類的人跟兼材一類的人，在鑒別人才時，其方向與心態都受本身的特質所限制，因而有不同的偏頗。
第八篇	英雄	分析真正具雄才大略的人的稀有能力；此篇是類似個案研究的專論。
第九篇	八觀	依不同的行事風格，從八個方面去觀人與判斷其高下。
第十篇	七繆	指出在鑒別人才過程中，容易犯的七種通病。
第十一篇	效難	說明人才不為所知，因而易被埋沒的原因。
第十二篇	釋爭	從人才相爭的情況，反映其境界的高下，並提倡老子謙讓思想，以作全書最終的勸勉。

原序

本篇導讀——

從管理學角度看，大至國家，中至企業，小至一個小社群，無不牽涉人事管理的學問。管理的學問大矣哉！但不管如何複雜，關鍵就在四個字：「知人善任」。這四個字復可分為「知人」一組和「善任」一組。「知人」當然在「善任」之先，而成其先決條件。原因無他，要把管理辦得好，就要問一個大問題：就是指派甚麼人負責甚麼崗位；這個就是「善任」的問題。但未問這個問題前，必先要清楚掌握甚麼人才是最能把甚麼崗位發揮得最好，換言之，「善任」的基礎必在「知人」。本章的目的，就是要為全書討論的開展，一錘定音。

夫聖賢之所美[1]，莫美乎聰明[2]；聰明之所貴[3]，莫貴乎知人。知人誠智[4]，則眾材得其序[5]，而庶績之業興矣[6]。

注釋

1 美：認為……好。

2 聰明：明察事理。唐張守節在解釋《史記》中記載黃帝「成而聰明」時說：「聰明，聞見明辯也。」

3 貴：重要。《孟子・盡心下》：「民為貴，社稷次之，君為輕。」

4 誠：如果。

5 材：同「才」，指人才。序：順序，次序。

6 庶績：各種事功。庶，眾多。績，事功。《尚書・堯典》：「允釐百工，庶績咸熙。」孔安國傳：「績，功也；言眾功皆廣。」

譯文

聖人賢者認為人的資質中，沒有比聰明更好的；在聰明資質中，沒有比能夠辨識人才更重要的。如果能夠用聰明智慧來辨識人才，那麼眾多的人才就能夠排列出上下高低的次序，各種事業就會興旺了。

賞析與點評

本節開宗明義，指出在所有品德、能力當中，以聰明為至上。而所謂聰明，最終極的體現地方就在於鑒別人才。當中有兩點值得注意：

一、作者劉劭把各種事業的興旺，以層層推論的方式歸結到聖人論述的權威上；二、又百業之所以興旺，與人才的優劣得以被秩序化，兩者息息相關。

另外，劉劭行文，其結構意識之高，在古代中國當名列前茅。每章首段，往往為全文引論，以鋪墊下文的申論，最後綴以結語（不一定是結論），以作首尾呼應。此特色在本原序中，可見一斑。

是以聖人著爻象則立君子小人之辭[1]，敘《詩》志則別風俗雅正之業[2]，制禮樂則考六藝祗庸之德[3]，躬南面則援俊逸輔相之材[4]，皆所以達眾善而成天功也[5]。天功既成，則並受名譽[6]。是以堯以克明俊德為稱[7]，舜以登庸二八為

功[8]，湯以拔有莘之賢為名[9]，文王以舉渭濱之叟為貴[10]。

注釋

1 爻象：《周易》中的爻辭和象辭。《周易》中以「⚊」表示陽爻，以「⚋」表示陰爻，爻有爻辭，如：乾卦中初九爻之辭是「潛龍，勿用」，九五爻之辭是「飛龍在天，利見大人」等等。每六爻組成卦象，象辭用來解釋卦象，如乾卦的象辭有「天行健，君子以自強不息」之語。後爻象用來泛指《易傳》。君子小人之辭：指爻辭和象辭中有關「君子」和「小人」的論述。如坤卦中有「君子以厚德載物」，師卦中有「小人勿用」等。

2 《詩》：即《詩經》，是我國有記載的最早的一部詩歌總集。志：詩中所抒發的意志和感情。《毛詩序》：「詩者，志之所之也。在心為志，發言為詩。」風俗雅正：指《詩經》中所含的風、雅、頌三種不同風格的詩。風即當時各國的民歌，雅即周王朝的樂曲《大雅》、《小雅》，頌即商周時代宗廟祭祀的樂歌。《詩經》為孔子所刪定，風、雅、頌之分也反映了孔子心目中的次序。

3 六藝：一指古代儒家教育的六個內容，即禮、樂、射、御、書、數。二指儒家的六種典籍，即《詩經》、《尚書》、《禮經》、《樂經》、《易經》、《春秋》。《漢書・藝文志》：六藝之文，「《樂》以和神，仁之表也；《詩》以正言，義之用也；《禮》以明體，明者著見，故無訓也；《書》以廣聽，知之術也；《春秋》以斷事，信之符也。五者，蓋五常之道，相須而備，而《易》為之原」。祇庸：恭敬恆常。鄭玄注《周禮・春官・大司樂》中的「祇」「庸」說：「祇，敬；庸，有常也。」

4 南面：指帝王之位。古代帝王理政皆坐北朝南，故言。援：拔舉，提拔。俊逸：超群拔俗。晉葛洪《抱朴子・窮達》：「俊逸縶滯，其有憾乎？」

5 達：推舉，推薦。《禮記・儒行》：「推賢而進達之。」天功：帝王的功業。

6 並：合，一起。

7 堯：相傳為上古帝王，帝嚳之子，祁姓，名放勳。原封於唐，故稱陶唐氏。在位期間設官分職，制定曆法，並派人治理洪水。晚年禪位於舜。克：能夠。明：認識，辨識。俊德：才能超群、品德高尚的人。

8 舜：相傳為上古帝王，堯的接班人。姚姓，名重華，號有虞氏，又稱虞舜。在位期間巡行四方，誅除「四兇」，任禹、后稷、契、皋陶等人分掌政事。年老後舉薦治水有功的禹為接班人。登庸：舉進，任用。二八：指八愷、八元。《左傳・文公十八年》記載，高陽氏時有八個才德兼備的人，即蒼舒、隤敳、檮戭、大臨、尨降、庭堅、仲容、叔達，此八人即為八愷。高辛氏時有八個才德兼備的人，即伯奮、仲堪、叔獻、季仲、伯虎、仲熊、叔豹、季狸。舜曾舉用「八愷」管理土地、執掌農業、處理各種事務，任用「八元」負責掌管禮義教化。

9 **湯**：商朝第一位王，又稱成湯、武湯、武王、太乙、天乙。名履，主癸之子。定居於亳，用伊尹、仲虺為輔佐，接連攻滅韋、顧、昆吾等夏朝屬國，又在鳴條打敗夏桀，推翻夏朝，建立商朝。**有莘之賢**：即伊尹。有莘為古國名，在今山東曹縣西北。成湯娶有莘氏之女，伊尹當時在有莘國為奴，作為陪嫁之臣進入商國，後被成湯發現重用，為滅夏建商出謀劃策，建立大功。

10 **文王**：即周文王，姬姓，名昌，王季之子，武王之父，又稱周侯、西伯、姬伯。原為商朝諸侯，被封西伯。在位敬老愛幼，禮賢下士。曾被商紂王囚禁於羑里，歸周後得到諸侯擁護，伐犬戎、密須，滅崇國、黎國，使周強大起來，形成「三分天下有其二，以服事殷」的局面。**渭濱之叟**：即呂望，又稱太公望、呂尚、師尚父。俗稱姜太公、姜子牙。姜姓，呂氏，名尚，字子牙，周文王遇之於渭水之陽，說：「吾太公望子久矣。」幫助武王伐紂，是西周的開國大臣。滅商後被封於營丘，為齊國的開國之君。

譯文

所以聖賢為《周易》作注解的時候，文字中就有了君子與小人的不同；在修訂《詩經》的時候，就已經對《風》、《雅》、《頌》不同風格的詩篇作了分別；在制定禮樂制度的時候，就通過禮、樂、射、御、書、數等方面來考察人的恭敬守常的品德；身居帝王之位的時候，就選拔超群脫俗有輔佐才能的人；這些都是拔舉眾多優秀人才，完成帝業的事例啊。帝業建成後，明君和賢臣就一起享受盛名和美譽了。所以唐堯因能夠辨識才能出群品德高尚的人而著稱，虞舜因任用八愷八元而取得成效，商湯因為提拔任用伊尹而出名，周文王因為舉用呂望而被尊崇。

賞析與點評

這一節列舉歷史上受人注目的例子，說明昔日的明君聖人之所以能垂範當代、影響後世，甚至成就帝王功業（天功），實有賴於他們精於用人的能力。劉劭的推論是，「天功之成」的充分而必要條件在於「眾善」，而「眾善」的充分而必要條件則在於選拔用人，因此，用人恰當是「天功之成」的充分而必要條件。緊接於此，劉劭再以實例充實自己的論證：當中不論帝堯、帝舜，以至商湯、周文王等，莫不以提拔人才為其成功的鑰匙。

由此論之，聖人興德[1]，孰不勞聰明於求人[2]，獲安逸於任使者哉！是故仲尼不試[3]，無所援升[4]，猶序門人以為四科[5]，泛論眾材以辨三等[6]。又歎中庸[7]，以殊聖人之德，尚德以勸庶幾之論[8]，訓六蔽以戒偏材之失[9]，思狂狷以通拘抗之材[10]，疾悾悾而無信[11]，以明為似之難保[12]。又曰察其所安，觀其所由[13]，以知居止之行。

注釋

1 興德：成就化育萬物的德政。興，成就。德，古代特指天地化育萬物的功能。《周易．乾》：「夫大人者，與天地合其德，與日月合其明。」姚配中注：「化育萬物謂之德，照臨四方謂之明。」

2 求人：尋求人才。

3 仲尼：即孔子，名丘，字仲尼。不試：不被任用。孔子曾周遊列國，希望被國君任用，以實現自己的政治主張，但始終沒能如願。

4 援升：提拔任用。

5 四科：指德行、言語、政事、文學四類。孔子曾把他的得意弟子歸為四類：顏淵、閔子騫、冉伯牛、仲弓為德行類；宰我、子貢為言語類；冉有、季路為政事類；子游、子夏為文學類。見《論語・先進》。

6 三等：孔子曾把眾人分為三個等級：「生而知之者，上也；學而知之者，次也；困而學之，又其次也。」見《論語・季氏》。

7 中庸：孔子的政治、哲學主張，即待人、處事不偏不倚，無過無不及，守常不變。《論語・雍也》：「中庸之為德也，其至矣乎。」何晏《集解》：「庸，常也，中和可常行之道。」

8 庶幾：差不多，近似。《周易・繫辭下》：「顏氏之子，其殆庶幾乎？」意為顏淵這個子弟，差不多是個賢人了吧！

9 六蔽：因不好學而造成的人的品德上的六種偏弊。《論語・陽貨》：「子曰：『由也，女聞六言、六蔽矣乎……好仁不好學，其蔽也愚；好知不好學，其蔽也蕩；好信不好學，其蔽也賊；好直不好學，其蔽也絞；好勇不好學，其蔽也亂；好剛不好學，其蔽也狂。』」意為，愛仁德不愛學習容易被人愚弄，愛要聰明不愛學習容易放蕩浮躁，愛誠信不愛學習容易被人利用於己有害，直率而不愛學習容易說話尖刻傷人，逞勇敢而不愛學習容易闖禍，剛強而不愛學習容易膽大妄為。

10 狂狷：指志向高遠富於進取的人與潔身自守拘謹無為的人。《論語・子路》：「子曰：『不得中行而與之，必也狂狷乎！狂者進取，狷者有所不為也。』」何晏《集解》引包咸曰：「中行，行能得其中者，言不得中行則欲得狂狷者。狂者，進取於善道。狷者，守節無為。欲得此二人者，以時多進退，取其恆一。」拘抗之材：拘謹和奮發的人才，與前狂狷同義。

11 疾：痛恨，厭惡。悾悾而無信：貌似誠懇而不講信用。《論語・泰伯》：「狂而不直，侗而不願，悾悾而不信，吾不知之矣。」邢昺疏：「悾悾，慤也。謹慤之人宜信而乃不信。」悾悾，誠懇的樣子。

12 為：通「偽」。

13 察其所安，觀其所由：《論語・為政》：「子曰：『視其所以，觀其所由，察其所安。』」意思是考察他所交結的朋友，觀察他的行為，了解他的內心。

譯文

根據這些史實可以說，聖人成就化育萬物的德政，有哪個不是運用自己的聰明去尋求發現人才，並且任用他們從而使自己獲得安逸呢！所以孔子不能實現自己的政治理想，不被各諸侯國提拔任用，但他仍舊用德行、言語、政事、文學四科來給自己的學生分類，用生而知之、學而知之和困而知之三等來廣泛地評論天下眾人。又讚歎不偏不倚守常不變的中庸原則，來突出聖人的品德，用對顏淵的褒讚來鼓勵人們崇尚道德，用六蔽的訓誡來使人們避免才能畸形發展所帶來的弊病，希望得到志向高遠富於進取的人和潔身自守拘謹不做壞事的人以使他們的才能得以發揮，痛恨那些貌似誠懇卻不守信用的人和行為，以此向世人說明偽裝是難以持久的。孔子又說認識一個人要觀察他的行為，了解他的內心，就知道他真實的舉止行動了。

賞析與點評

古人議論，不管甚麼主題，往往會援引聖人之言以顯示自己的論述有根有據。劉劭既以儒門自居，自然要引述至聖孔子之言，以證明全書往後的觀點乃信而有徵。事實上，引用孔子本身亦很有道理。孔子本人對各色人等作過很多評斷，他大刀一揮把人才作不同分類。在其眾多學生當中，他對顏淵的評價，跟他對子路的評價就大異其趣。

本段值得注意的是，劉劭認為孔子以聖人之智，已對人才的考察提出諸種標準與角度，可點列如下：

一、根據學生的天分所在，依科目分四類；二、將人才分為三等；三、提出中庸的境界作為理想追求目標；四、指出六種不學無術之人的通病，以揭示偏才之失；五、通過對某種人（如拘謹保守、自大激進、外表忠實而內裏無信等）的批判告誡，來顯示人物可以分類；六、最後，提出觀人之法，即觀察其人的交往、行事態度等外在行為，來判斷他的內心性格。

此節目的是要合理化《人物志》的寫作動機，因為既然有孔子品評人物在先，劉劭本人仿效於後，實亦其宜也。

人物之察也，如此其詳[1]。是以敢依聖訓，志序人物[2]，庶以補綴遺忘[3]，惟博識君子裁覽其義焉[4]。

注釋

1 詳：審慎。

2 志：記錄。

3 庶：希望。

4 惟：願，希望。

譯文

對人才的考察，應當這樣的審慎。所以我斗膽依照聖人的準則，記述辨識人才使用人才的理論和方法，希望以此來補綴前賢在這方面的疏漏和遺缺，願博學高識的君子裁決瀏覽其中的意思。

賞析與點評

此節為結語，重點在指出，古人品鑒人物並不粗疏，相反已示範了「詳盡審慎」的準則、特色，所以他才敢狗尾續貂，審視人才，並以等級判其高下。

上卷

九徵第一

本篇導讀——

不計原序，本章為全書首章，由內容到行文風格，是全書的縮影。

以內容而言，本章為全書開闢討論的天地，斷言人才本質可被探討，並且為此一可能性提供哲學上的說明。就行文風格來說，我在前面全書導讀中提到，劉劭行文講求謀篇佈局，篇章結構之嚴謹，大有當代學術界期刊論文的格局，讀畢本章必有同感。

首段引言，即點出全章所要解決的問題，並即時扼要提出解決方案，是為總論，餘下各段除尾段外，則為分論，尾段則為結論，以呼應總論中所提出的方案。具體而言，要解決的問題是觀人之難；解決方案就是由外而內，以外表可觀察的徵狀，來窺探內裏難測的人才本質。

九徵中的「徵」字，作名詞用，有表徵、特徵的意思；作動詞用，可解作徵知。因此，所謂「九徵」，就是九種人才特質的表徵[1]，或表示透過九種歸類方式，便可徵知各類人才。所謂「表」，是與「裏」相對或相對應的。「相對」有對立的意思，但「對應」則不但不對立，更有互為輔助，互相兼容的意味。無論如何，表徵就是指內在的特質在外在的表現、反映等等。此處的「內在的特質」，從本書的寫作動機來看，當然是指人的內在特質，再準確點，就是人的內在「才質」。

劉劭之所以要談「九徵」，用意明顯不過。《人物志》的主旨，是要透過辨別人才來決定哪種人適合哪種工作崗位。這裏我想即時補加一筆。依全書瀰漫着關於人才的「天賦決定論」來看[2]，所謂「哪種人適合哪種工作崗位」，其實意味着哪種人「只」適合哪種工作崗位，亦即「只」適合工作崗位A的某甲，是不適合工作崗位B的。這是因為哪種人適合哪種工作崗位，是由其內在的先天稟賦決定的。先天稟賦決定並且限制了他的能力、傾向、性格、情緒等等特質。

既然不同的人「只」適合被委派至不同的特定崗位，於是，絕對有需要制定出判斷人內在特質的一套檢測方法或者標準。由於內在特質雖不可直接觀測（除非你有聖人之能），但卻可根據陰陽五行的先天規律，由外顯的行為舉止等等表徵出來，所以本章的要旨，就是要指出九

1 Shryock 也是如此理解，因而以 manifestations 一字來翻譯「徵」字。

2 見〈全書導讀〉第二節「從哲學的觀點看」。由於所決定的天賦是由先天因素使然，所以我有時會交替使用「先天決定論」來指涉相同的觀點。

種外在的特徵，怎樣與九種內在特質具有一一對應的關係。

當然，讀者手執《人物志》一書，總期望於文首即看到劉劭怎樣論述外在與內在的一一對應關係，但身處漢魏以陰陽五行為顯學的時代中，他免不了要用陰陽五行的框架，來對「表」與「裏」之間的關係，作一番哲學論證的發揮。就像現代人，簡單如購物，往往會用到「消費」啦、「通脹」啦等等經濟學術語來討論。原因無他，不同時空的人們總有自己群體的共同語言；劉劭身處中古，陰陽五行可謂當時一眾士人的共同知識背景，把自己的理論建基在共同知識背景之上，實不足為奇。

要全面掌握本章，當中幾組關鍵詞必須認識：

第一組，才質的先天根據：元一、陰陽、五行；

第二組，由五行到五德的身體器官「介面」：骨、氣、肌、筋、血；

第三組，中庸、平淡；

第四組，九種外在表徵：神、精、筋、骨、氣、色、儀、容、言；

第五組，三類值得關注討論的人：兼德、兼材、偏材，即中庸、大雅、小雅；另加兩類不加討論的人：依似、間雜（無恆）。

運用這幾組關鍵詞，本文的論述思路大致可重構如下：

人才的實質來自於道（或稱天道，劉劭稱之為元一），所謂道者，就是陰陽五行的來源，亦是其統一體，由於人與天道同構，因此，人才的實質來自於此統一體，陰陽構成人的生成原理，五行構成人的物質形式。若從人的才能源自性與情來講，則陰陽構成性，五行構成情。陰陽五行的不同成素比例，解釋了人才的高低、厚薄、清濁，由於人的才能構成由上述先天因素決定，亦因此後天沒法作徹底的改變，人的可塑性僅可體現在自己由五行中獲取的成分組合所界定的範圍內。

五行的木、火、土、金、水[3]各元素，在人身上，表現為骨、氣、肌、筋、血等「五體」，又通過五體所象徵的「五質」，即弘毅、文理、貞固、勇敢、通微，來進一步象徵「五常」，即仁、禮、信、義、智。稱之為「五常」，是因為此五種品德，具恆常之性，專一不移。[4]由層層象徵，人的性格品質結構便給展示出來，選拔人才或一般觀人時，便可有所憑藉。五行的比例若在均衡狀態，則其人自然不會崢嶸突角，反倒表現得似乎平平淡淡，劉劭稱之為「中庸」

---

3 關於五行的排序，坊間常言「金、木、水、火、土」，但從「相生」角度言，應為「木—火—土—金—水」（還有水—木），從「相尅」角度言，應為「水—火—金—木—土」（還有土—水）。不論相生或相尅，都不以「金、木、水、火、土」排序。

4 劉劭當受《白虎通義》〈情性篇〉影響：「五常者何，謂仁義禮智信也……專一不移也，故人生而應八卦之體，得五氣以為常」。

狀態，此乃聖人境界，非一般有偏頗傾斜的「偏才」所可比擬。[5]

再申而言之，既然有之於內必形之於外，所以我們可以以逆向的方式，由外在的各種姿容型態，判斷其人的內在才分。這可從九方面說，是為「九徵」：從神氣可知其平正斜歪，從精神可明其內心好壞，從筋勁可審其是勇是怯，從骨質可看其性格強弱，從血氣可察其急躁平和，從臉色可明其情緒起伏，從儀表可驗其氣運盛衰，從舉止之動可驗其內心之動，最後，從說話速度可徵其緩和抑或急功。

不同儀表徵狀，其實就是五行比例不均的結果，若各項標準都達極致，這就是聖人境界，劉劭稱為「兼德」，以「中庸」譽之；如果在某些方面優勝而有德，劉劭稱之為「兼材」，以「大雅」讚之；如果只有一、二勝處，則為「偏才」，只有「小雅」之號。正如我在全書導讀所說，偏才是《人物志》關注的重心，以後各篇章都圍繞此類人物作多角度反覆研究。相反，有兩類人全書不加討論，一類叫「依似」，即那種行為舉止似強實弱、外強中幹，幾近招搖撞騙之徒；另一類叫「間雜」，指那種縱然有一項優點，其缺點之多、之盛，又抵銷了他的優點的人。這種人亦沒有堅定意志恆常持久地發展他的優點，故又名「無恆」。

由此可知，一個人的外表儀度果然是可以反映其人才質素的高下，至於哪類人才將適合哪

5 關於聖人的平淡，可參本書導讀的「從哲學觀點看」一節。

個職位，或觀人時的種種問題，則不在本章探討之列，而留待後文分解。

蓋人物之本[1]，出乎情性[2]。情性之理[3]，甚微而玄，非聖人之察，其孰能究之哉[4]！凡有血氣者，莫不含元一以為質[5]，稟陰陽以立性[6]，體五行而著形[7]。苟有形質[8]，猶可即而求之。

注釋

1 本：人的內在的最根本的資質。劉昺在注釋「人物之本，出乎情性」時說：「性質稟之自然，情變由於染習」，所說的「自然」即人天生的最根本的資質。

2 情性：思想和性情。

3 理：道理。

4 究：弄清楚，弄明白。

5 元一：事物最本源最初始的狀態。此處專指人的本質。劉昺在注釋「莫不含元一以為質」這句話時說：「質不至則不能涉寒暑，歷四時。」意思說，人的最初始的生理狀態沒有發展到最完善的時候，就不能度過嚴寒酷暑，經歷春夏秋冬。

6 稟：承受。陰陽：中國古代哲學的一對範疇，即萬物中皆存在的對立統一相反相成的物質。此處專指人所具有的陰陽二氣。劉昺在注釋「稟陰陽以立性」時說：「性資於陰陽，故剛柔之意別矣。」意思說，人的性格有剛強和柔弱的不同，是由於陰陽二氣的強弱不同。

7 體：依據，效法。五行：水、火、木、金、土。中國古代哲學認為世界各種物質是由金、木、水、火、土五種元素構成的，並以此說明宇宙萬物的起源和變化。《孔子家語·五帝》：「天有五行，水、火、金、木、土，分時化育，以成萬物。」形：指人的形體。

8 苟：只要。

譯文

人內在的最根本的資質，是通過他的思想和性情表現出來的。關於思想和性情的道理，是非常微妙和玄遠的，如果不是古代聖賢的考察和研究，誰又能夠把它們弄明白呢！凡是有生命的物體，沒有不包含最根本最初始狀態的性質的，他們秉承陰陽形成個性，依據五行而成就形體。只要是有形體的生命物體，就可以根據形體去探求他們的本質。

賞析與點評

本節為全文總論，要點只有一個，就是何以可能探求人物的本質。劉劭認為絕對可能，原因無他，人的內在性情雖然幽微難知（除聖人例外），但可通過外在有形有象的形體去探究他的本質。這是為證立全書的寫作計劃必須要作出的斷言，否則全書頓成空言。所謂「通過外在有形有象的形體去探究人的本質」，其中原因，在於人的本質由元一、陰陽、五行等構成；元一構成我們的基質，陰陽賦與我們本性，五行使我們取得具體的物質形式。由此，所有的生命都有外顯形象，這使探求萬物的本質得以可能。全節先提出難題，彷彿學術論文常見的「問題之提出」部分，再即時提供解難的方法，一氣呵成，並為全文論述作出策略性的鋪墊。

凡人之質量，中和最貴矣[1]。中和之質，必平淡無味，故能調成五材[2]，變化應節[3]。是故觀人察質，必先察其平淡，而後求其聰明。聰明者陰陽之精，陰陽清和則中叡外明[4]，聖人淳耀[5]，能兼二美。知微知章[6]，自非聖人莫能兩遂[7]。故明白之士[8]，達動之機而暗於玄慮[9]，玄慮之人，識靜之原而困於速捷，猶火日外照不能內見，金水內映不能外光。二者之義，蓋陰陽之別也。若量其材質[10]，稽諸五物[11]，五物之徵亦各著於厥體矣。

注釋

1 中和：中庸之道的主要內涵。儒家認為能「致中和」，則天地萬物均能各得其所，達於和諧境界。《中庸》：「喜怒哀樂之未發謂之中，發而皆中節謂之和；中也者，天下之大本也，和也者，天下之達道也。致中和，天地位焉，萬物育焉。」

2 五材：人的忠、義、仁、信、勇五種品德。

3 應節：迎合節拍。此處指適應社會的需要。

4 中睿外明：內心聰慧外表敏銳。睿，聰明。明，敏銳。

5 淳耀：光明。

6 章：明顯，顯著。

7 兩遂：兩種都能實現。劉昺在解釋這句話時說：「耳目兼察，通幽達微，官材授方，舉無遺失。」可見「兩遂」指的是耳聰目明，知微知著。

8 明白：機敏。

9 玄慮：深思熟慮。

10 量：衡量，評價。

11 稽：考察。五物：指木、火、土、金、水五種物質。

譯文

人的資質和能力中，各種情緒的表現與外界環境和諧一致可謂中和，而中和是最珍貴的。中和這種素質，必然是平淡無味的，因其平淡無味所以能夠調諧出仁、智、忠、信、勇五種品德，並不斷變化以適應社會需要。所以觀察一個人考察他的素質，必然先要考察他是否有平淡的素質，然後才尋求他的聰明。聰明是人的陰陽二氣結合的精華，陰陽清純和諧就會使人內心聰慧外表敏銳，聖人之所以光彩耀人，是因為他同時具有聰慧敏銳兩種美德。既能明察細微又能洞悉宏觀，除了聖人沒有人能同時做到這兩點。所以反應機敏的人，能夠抓住行動的機會卻不能做到深思熟慮，深思熟慮的人能夠靜思事物的源頭卻不善於快速敏捷地行動，就好像火焰和太陽的光芒能照耀外物但不能映出自身的形象，金屬和水面能映出外物的形象但不能對外放出光芒。兩種東西之所以不同，就在於有陰陽的區別。如果衡量人的才能和資質，以木火土金水五種物質對照進行考察，那麼五種物質的特徵也就顯著地存在於他的身上了。

賞析與點評

此節提出了一個觀人的程序，即首先要看是否平淡無味，還是崢嶸棱角，第二步才看是否具聰明才智。劉劭以一個對比，來解釋這種觀點。

他以中和之質與非中和之質互為比較，以突出具有中和之質的人的精純。中和之質的人就是平淡無味的典型，惟其平淡無味，才能夠調諧出仁、智、忠、信、勇五種品德，而不會有所偏重，因而既是外圓內方，又是外方內圓，隨機應變，變化萬方。質素未達中和水平的人則相反，往往顧此失彼，過猶不及。劉劭舉了兩個同中有異、異中有同的例子來說明當中分別。反應機敏與深思熟慮都屬令人欽羨的能力，但機敏的人往往過於冒進，未暇深思；能深思的人往往又過於保守，易流於畏首畏尾。

兩者之所以有上述分別，據劉劭看法，在於陰陽的比例分佈。若分佈達致均衡，則為中和，由於無一性質或能力過於突出，反覺平淡，有時不及陰陽比例不均的人那麼「吸引眼球」。

所以，聰明是必須的，但若聰明而陰陽分佈不均，則必有所偏。由上述的分析和對比來看，聖人可用兼具兩種質素來界定：一是平淡，二是陰陽分佈均衡。由於聖人難得，其他人頂多為偏才，於是，要觀其人，則要看他因陰陽的失衡而導致性格向哪一方面傾斜發展。

其在體也，木骨、金筋、火氣、土肌、水血五物之象也[1]。五物之實，各有所濟[2]，是故骨植而柔者謂之弘毅[3]，弘毅也者，仁之質也。氣清而朗者謂之文理[4]，文理也者，禮之本也。體端而實者謂之貞固[5]，貞固也者，信之基也。筋勁而精者謂之勇敢[6]，勇敢也者，義之決也[7]。色平而暢者謂之通微[8]，通微也者，智之原也。五質恆性，故謂之五常矣[9]。

注釋

1 象：現象，表象。

2 濟：成就。

3 植：直。弘毅：寬宏堅毅，抱負遠大，意志堅強。《論語・泰伯》：「士不可以不弘毅，任重而道遠。」朱熹集注：「弘，寬廣也；毅，強忍也。非弘不能勝其重，非毅無以致其遠。」

4 文理：禮儀。《荀子・禮論》：「文理繁，情用省，是禮之隆也。文理省，情用繁，是禮之殺也。」

5 貞固：守持正道，堅定不移。《周易・乾》：「文言曰：『貞者，事之干也……貞固足以干事。』」孔穎達疏：「言君子能堅固貞正，令物得成，使事皆干濟，此法天之貞也。」高亨注：「貞固，正而堅，即堅持正道。干是動詞，主持，主辦。」

6 **筋勁而精者謂之勇敢**：筋腱強勁而精幹叫做勇敢。《莊子・徐无鬼》：「筋力之士矜難，勇敢之士奮患。」說明筋力之士和勇敢之士的關係。

7 **勇敢也者，義之決也**：勇敢就像是金屬截斷物品一樣果斷。劉昺對這句話的注釋說：「金能斷割，為義之決。決不勇敢，不能成義。」因為劉劭認為筋腱屬金，筋腱強勁就能勇敢決斷。

8 **通微**：通曉、洞察細微的事物。

9 **五常**：五種恆常不變的東西。劉昺在注釋「五質恆性，故謂之五常矣」時說：「五物，天地之常氣，五德，人物之常行。」可見此五常是構成萬物的金木水火土五種物質，也是構成人的仁、義、禮、智、信的五種品德。

譯文

對人體來說，骨骼是與外界木相對應的物象，筋腱是與金相對應的物象，氣息是與火相對應的物象，肌肉是與土相對應的物象，血脈是與水相對應的物象。五種物質所對應的實際物象，各自有其成就人的品質的作用，所以骨骼挺拔又柔韌的可以稱為有遠大抱負意志堅強的人，抱負遠大意志堅強，這是「仁」的資質。氣息清純而又明朗的可以稱為禮儀之人，禮儀，這是「禮」的根本。形體端正而又堅實的可以稱為守持正道堅定不移的人，守持正道堅定不移，這是「信」的根基。筋腱強勁而精幹的可以稱為勇敢之人，勇敢，這是果斷地行「義」的前提。血色平和而又通暢的可以稱為通曉事物洞察細微之人，通曉事物洞察細微，這是「智」的本源。外界的和人體的五種物質都具有恆常不變的特性，所以稱它們為五常。

賞析與點評

此節再進一步，由陰陽的分佈均衡往下一層，談到五行的氣稟如何成就了各種特定型態的人物類型，而不同的人物類型就呈現為人的各種品格。

五行的氣稟反映在人的身體上，木在骨相上，金在筋脈上，火在氣息上，土在肌肉上，水在血液上。由於上文已提到「五質」與「五常」的關係，在此節劉劭進一步推演，「五常」發展得好的人會有甚麼對應表現，為方便掌握，可以表加以列示：

五常	五常的發展	對應的特質
仁	骨骼挺拔又柔韌	弘毅，即抱負遠大、意志堅強
禮	氣息清純而又明朗	文理，即行止合宜、有條不紊

信	形體端正而又堅實	貞固，即守持信諾、堅定不移
義	筋腱強勁而精幹	勇敢，即不畏艱難、性格決斷
智	血色平和而又通暢	通微，即通曉事物、洞察細微

五常之別，列為五德[1]。是故溫直而擾毅[2]，木之德也。剛塞而弘毅[3]，金之德也。願恭而理敬[4]，水之德也。寬栗而柔立[5]，土之德也。簡暢而明砭[6]，火之德也。雖體變無窮，猶依乎五質。

注釋

1 五德：此指下文所述的五種品德。

2 溫直：溫和而正直。《尚書．皋陶謨》：「直而溫。」孔安國傳：「行正直而氣溫和。」
擾毅：和順堅毅。《尚書．皋陶謨》：「擾而毅。」孔安國傳：「擾，順也。致果為毅。」

3 剛塞：剛健篤實。《尚書．皋陶謨》：「剛而塞。」孔安國傳：「剛斷而實塞。」實塞，篤實。

4 頗恭：忠厚誠實恭敬莊重。《尚書・臯陶謨》：「願而恭。」孔安國傳：「慤願而恭恪。」理敬：有治理才能而又謹慎恭敬。《尚書・臯陶謨》：「亂而敬。」孔安國傳：「亂，治也。有治而能謹敬。」

5 寬栗：寬宏大量而又小心謹慎。《尚書・臯陶謨》：「寬而栗。」孔安國傳：「性寬宏而能莊栗。」柔立：溫柔而有辦事能力。《尚書・臯陶謨》：「柔而立。」孔安國傳：「和柔而能立事。」

6 簡暢：爽快剛直，簡約流暢。《尚書・臯陶謨》：「簡而暢。」孔安國傳：「性簡大而有廉隅。」廉隅，棱角。明砭：明於事理又善於勸諫。

譯文

根據五常的區別，可以分列出五種品德。所以溫和而正直，是「木」的品德。剛健篤實而寬宏堅毅，是「金」的品德。忠厚誠實恭敬莊重而有治理才能且謹慎恭敬，是「水」的品德。寬宏大量小心謹慎而又溫柔有辦事能力，是「土」的品德。爽快剛直簡約流暢而又明於事理善於勸諫，是「火」的品德。雖然人的品德和性情變化無窮，但其變化仍以五物的品質為依據。

此節又從「五質」論「五德」，以詮釋五類型人才的品德屬性，為方便理解，同樣以表列之：

五質	五德的品德屬性
木	溫直而擾毅，即溫和而正直
金	剛塞而弘毅，即剛健篤實，而寬宏堅毅
水	願恭而理敬，即忠厚誠實、恭敬莊重，而有治理才能且謹慎恭敬
土	寬栗而柔立，即寬宏大量、小心謹慎，而又溫柔有辦事能力
火	簡暢而明砭，即爽快剛直、簡約流暢，而又明於事理善於勸諫

故其剛柔明暢貞固之徵著乎形容[1]，見乎聲色[2]，發乎情味，各如其象。故心質亮直[3]，其儀勁固；心質休決[4]，其儀勁猛；心質平理[5]，其儀安閒。夫儀動成容[6]，各有態度：直容之動[7]，矯矯行行[8]；休容之動[9]，業業蹌蹌[10]；德容

之動[11]，顒顒卬卬[12]。

注釋

1 形容：形體容貌，外部表現。

2 見：同「現」，表現。

3 亮直：誠信正直。亮，通「諒」，作「誠信」解。

4 休決：美善而剛毅。休，美好。

5 平理：平和有條理。

6 容：外部表現。

7 直容：正直之人的外部表現。

8 矯矯行行：勇武剛強的樣子。矯矯，勇武貌。《詩經．魯頌．泮水》：「矯矯虎臣，在泮獻馘。」鄭玄箋：「矯矯，武貌。」行行，剛強負氣貌。《論語．先進》：「子路，行行如也；冉有、子貢，侃侃如也。子樂。」何晏《集解》：「鄭曰：『樂各盡其性，行行，剛強之貌。』」

9 休容：溫和之人的外部表現。

10 業業蹌蹌：心懷危懼小心謹慎。業業，危懼貌。《尚書．皋陶謨》：「兢兢業業，一日二日萬機。」孔安國傳：「業業，危懼。」蹌蹌，形容走路有節奏的樣子。《詩經・小雅・楚茨》：「濟濟蹌蹌，絜爾牛羊。」高亨注：「蹌蹌，步趨有節貌。」

11 德容：品德高尚之人的外部表現。

12 顒（粵：容；普：yóng）顒卬卬：肅穆軒昂的樣子。

譯文

所以剛柔明暢貞固的內質都有其外部顯著的反映，從聲音神色顯示出來，從性情趣味發散出來，各自與其外在的表現一致。所以內在品質誠信正直，他的風度儀容就堅毅剛強；內在品質美善剛毅，他的儀容風度就奮進勇猛；內在品質平和有條理，他的儀容風度就安逸悠閒。儀容風度的外部表現，各自有不同的姿態風度：正直之人表現出來的樣子，是武勇剛強的；溫和之人表現出來的樣子，是心懷危懼小心謹慎的；品德高尚之人表現出來的樣子，是肅穆軒昂的。

賞析與點評

此節關乎如何觀人，其理據當然仍與五質五常五德的遞進特性有關，重點在指出聲音神色、性情趣味等如何反映內心品質，極有判斷人才的參考價值：

內在品質	風度儀容上的靜態特徵	行為舉止的變化
誠信正直	堅毅剛強	武勇剛強
美善剛毅	奮進堅定	謹慎有節
平和有條理	安逸悠閒	莊重軒昂

觀人者可以從一人的舉止行為，準確判斷出此人的內在性格，有如按圖索驥。就像一個舉止莊重、氣度軒昂的人，他內心一定是平和而有節有理。

夫容之動作發乎心氣[1]，心氣之徵，則聲變是也[2]。夫氣合成聲，聲應律呂[3]。有和平之聲，有清暢之聲，有迴衍之聲[4]。夫聲暢於氣則實存貌色[5]，故誠仁必有溫柔之色，誠勇必有矜奮之色[6]，誠智必有明達之色。夫色見於貌所謂徵神[7]，徵神見貌則情發於目，故仁目之精[8]，慤然以端[9]；勇膽之精，曄然以強[10]。然皆偏至之材[11]，以勝體為質者也[12]，故勝質不精則其事不遂。是故直而不柔則木[13]，勁而不精則力[14]，固而不端則愚，氣而不清則越[15]，暢而不平

則蕩[16]。是故中庸之質，異於此類。五常既備，包以澹味。五質內充，五精外章[17]，是以目彩五暉之光也[18]。故曰物生有形，形有神精。能知精神，則窮理盡性[19]。

注釋

1 動作：動起來。《論語．先進》：「舍瑟而作。」劉寶楠《正義》：「作，起也。」

2 聲變：隨着心氣而變化的聲音。劉昺在解釋「心氣之徵，則聲變是也」時說：「心不繫一，聲和乃變」，即指聲音隨着心氣變化。

3 律呂：古代校正樂律的律管，十二支，因有不同的長度而產生不同的音高。從低音管算起，依次為黃鐘、大呂、太簇、夾鐘、姑洗、仲呂、蕤賓、林鐘、夷則、南呂、無射、應鐘。其中黃鐘、太簇、姑洗、蕤賓、夷則、無射為陽律；大呂、夾鐘、仲呂、林鐘、南呂、應鐘為陰律。六陽律稱為六律，六陰律稱為六呂。

4 迴衍：迴旋伸展。

5 貌色：容貌。

6 矜奮：武勇果敢。

7 徵神：反映人的內心世界的神態、表情等。劉昺注釋這句話時說：「貌色徐疾為神之徵驗。」即容貌是心神的反映。

8 **精**：通「睛」。此指眼神。

9 **愨**（粵：確；普：què）然：誠實謹慎的樣子。

10 **曄**（粵：頁；普：yè）然：光亮的樣子。

11 **偏至之材**：即偏才。

12 **勝體為質**：讓形體承擔反映內質的任務。劉昺在解釋這句話時說：「未能不怒而威，不厲而嚴。」

13 **木**：質樸，木訥。

14 **力**：倔強。

15 **越**：散失，飄散。

16 **蕩**：飄蕩消失。劉昺在注釋「暢而不平則蕩」時說：「好智無涯，蕩然失絕。」意思說沒有邊際地任用智力，就會蕩然無存。

17 **五精**：指仁、義、禮、智、信五種精神表現。外章：外露。

18 **五暉**：五彩的光輝。此指多種表達的目光神情。

19 **窮理盡性**：把道理和性情研究到家了。窮和盡都是終端、到頭的意思。

譯文

人的外在表現的產生是由內部的心氣而發的，是心氣變化的表徵，又是聲音的變化。心氣與聲音相合，聲音和樂音一樣也可分為六律和六呂。有溫和平緩的聲音，有清純流暢的聲音，有迴旋深長的聲音。聲音在氣息中流暢而其內在的本質體現在容貌之中，所以真正的仁愛必然顯現出溫柔的神色，真正的勇敢必然顯現出武勇果敢的神色，真正的智慧必然顯現出明澈通達的神色。容貌出現了這些神色就是人們所說的徵神，徵神出現在容貌上而其神情則從眼睛中表現出來，所以閃耀仁慈目光的眼睛，是誠實謹慎端正無邪的；反映勇氣膽量的眼睛，是光亮強勁的。然而這些都是偏才，是讓形體承擔反映內質的任務，所以完美的內質不能精確反映，因此事情也不能如願。所以耿直而不兼具柔和則表現為質樸木訥，剛勁而不兼具精幹則表現為倔強，固執而不兼具端正則表現為愚憨，心氣而不清純則會飄揚四散，聲音流暢而不平和則會飄蕩消失。所以處事不偏不倚守常不變的資質，是和上述所說不同的。仁義禮智信五常的資質已經具備，外部用平淡來包裝。五常的資質充實於內，五種精神表現在外，所以目光神情發出五彩的光輝。所以說萬物生來有它的形體，形體也有它的精神。能夠深刻地了解精神，就把其中的道理和性情研究到家了。

此節雖為一體，但可分兩部分。第一部分由首句「夫容之動作發乎心氣」到「勇膽之精，曄然以強」，教人從聲音與眼睛的神色來判斷人的類型。其餘第二部分，即由「然皆偏至之材」至末句「則窮理盡性」，是順着第一部分對人物的分析與分類，指出他們之所以有可資掌握的特點，正正是因他們是偏才；而正因他們是偏才，所以他們各有所屬的毛病，真是「斯人也而後有斯疾也」。

聲音與眼神之所以能反映內心，是因為發聲的基礎在於「心氣」，聲音發出來後就會直接影響一個人的神色，而神色復反映在眼神之中。換言之，心氣、聲音、神色、眼神是同一連續體的不同環節，貫串其間的仍是外在特徵反映內在性格的信念。

至於偏才之弊，劉劭亦於此重申他的觀點，除非是兼具仁義禮智信五常資質的平淡之人，否則有所強必有所弱，強與弱在一個偏才身上具有共生的關係。是故耿直雖佳，但欠缺精純便流於呆板，不懂權變；剛勁雖好，但未及精純，則表現為倔強粗魯；固執堅定雖美，但不夠精純便流於愚戇。總之，心氣不清純則使聲音飄蕩消失，繼而神色不暢，再令眼神呆滯，這些都是有所偏的弊端。劉劭堅持由末溯始，可知其人的本質。

全文至此，已由五質五常五德的層層分析，支起一個外在表徵與內在本質的理論框架，所以下一節劉劭將步入文章的核心討論，亦即九徵。

性之所盡，九質之徵也[1]。然則平陂之質在於神[2]，明暗之實在於精[3]，勇怯之勢在於筋，強弱之植在於骨[4]，躁靜之決在於氣，慘懌之情在於色[5]，衰正之形在於儀，態度之動在於容[6]，緩急之狀在於言。其為人也，質素平淡，中睿外朗，筋勁植固，聲清色懌，儀正容直，則九徵皆至，則純粹之德也。

注釋

1 九質：即下文所說的神、精、筋、骨、氣、色、儀、容、言。

2 陂（粵：po1；普：bì）：傾斜，不平。《周易．泰》：「無平不陂，無往不復。」孔穎達疏：「路有傾危，是平路之將陂也。」

3 精：指目光，一說通「情」，指感情。

4 植：木柱。《墨子．備城門》：「城上百步一樓，樓四植，植皆為通舄。」孫詒讓《間詁》：「蘇云：『四植即四柱。』」引申為支柱。

5 慘：悲傷。懌：喜悅。

6 態度：舉止神情。《荀子．修身》：「容貌、態度、進退、趨行，由禮則雅，不由禮則夷固僻違，庸眾而野。」

譯文

要窮盡了解全部人的性情，必待神、精、筋、骨、氣、色、儀、容、言九種表現的了解。這就是平正與邪歪的本質存在於神態，明慧與愚蠢的實質存在於目光，勇敢與怯懦的態勢存在於筋腱，剛強與軟弱存在於骨相，暴躁與平靜的關鍵存在於氣息，悲傷與喜悅的情緒存在於臉色，衰怠與端正的形態存在於儀表，舉止神情的活動存在於表情，和緩與急切的狀態存在於語氣。一個人，內質純潔平和淡泊，內心聰慧外表清朗，筋腱挺拔強固，聲音清純神色喜悅，儀表端正容貌莊重，這樣九徵全都具備了，道德就精純完美了。

賞析與點評

有了上文的討論做鋪墊，此節甫始，即逕直斷言若要窮極人才的本質，則必待對九種特徵有所掌握，才可叫功行完滿。九種特徵分別表現在神、精、筋、骨、氣、色、儀、容、言之上。這些名目，其意義跟今天的理解雖不盡相同，例如「精」不指精神，而是「目光」，但大致與今日用法相通，為便於吸收，列表於下：

九徵	九徵之義	所反映的人才本質	人才本質之義
神	神態	平陂之質	平正與邪歪
精	目光	明暗之實	明慧與愚蠢
筋	筋腱	勇怯之勢	勇敢與怯懦
骨	骨相	強弱之植	剛強與軟弱
氣	氣息	躁靜之決	暴躁與平靜
色	臉色	慘懌之情	悲傷與喜悅
儀	儀表	衰正之形	衰怠與端正
容	表情	態度之動	舉止與神情
言	語氣	緩急之狀	和緩與急切

本節有一小結，就是再次強調九徵俱備的人，其德性純粹，在每一方面都是典範。

九徵有違則偏雜之材也。三度不同[1]，其德異稱。故偏至之材，以材自名[2]；兼材之人，以德為目；兼德之人，更為美號[3]。是故兼德而至，謂之中庸。中庸也者，聖人之目也。具體而微[4]，謂之德行。德行也者，大雅之稱也。一至謂之

偏材[5]，偏材，小雅之質也[6]。一徵謂之依似[7]，依似，亂德之類也。一至一違謂之間雜[8]，間雜，無恆之人也[9]。無恆依似，皆風人末流[10]。末流之質，不可勝論，是以略而不概也[11]。

注釋

1 三度：指偏才、兼才、兼德三種人才德才比例的不同程度。劉昺在解釋「三度不同」時說：「偏才荷一至之名，兼才居德儀之目，兼德體中庸之度。」意思是說偏才只在一種才能上比較完善，兼才有道德表率的作用，兼德體現了中庸的深度。

2 以材自名：以某一方面的才能命名。劉昺在解釋「以材自名」時說：「猶百工眾伎，各有其名也。」意思是說，就好像有紡織技藝的人叫織匠，善於冶煉的人叫金匠等等。

3 更為美號：以抽象的「美」來稱之。劉昺在解釋「更為美號」時說：「道不可以一體說，德不可以一方待，育物而不為仁，齊眾形而不為德，凝然平淡，與物無際，誰知其名也？」意思是說，大道不可以一種物體來說明，大德不可以一個方面來期待，養育萬物而不是為了「仁」的名號，規範眾人的行為不是為了「德」的名稱，寧靜平淡，與他物沒有界限，這種境界誰又能知道他的具體名稱呢？

4 具體而微：總體上各種品德都已具備而發展程度還不高。《孟子・公孫丑上》：「子夏、子游、子張皆有聖人之一體；冉牛、閔子、顏淵，則具體而微。」趙岐注：「體者，四肢股肱也……具體者，四肢皆具。微，小也。」

5 **一至**：在一方面的才能比較完善。

6 **小雅之質**：相當於小雅。質，相當，對等。《禮記・聘義》：「介紹而傳命，君子於其所尊弗敢質，敬之至也。」鄭玄注：「質，謂正自相當。」

7 **一徵**：「九徵」之中的一徵。依似：似是而非。劉昺在解釋「依似」時說：「純訐似直而非直，純宕似通而非通。」意思是一味地攻擊別人的短處，好像是正直但並非正直，一味地放蕩不羈，好像是通達但並非通達。

8 **間雜**：某些方面有才，某些方面無德。

9 **無恆**：無恒常品德。

10 **風人**：古代採集民歌民風以觀民情的人，也指詩人。

11 **概**：關切。《孔叢子・抗志》：「雖以天下易其脛毛，無所概於志矣。」

譯文

對九徵中有所違背的叫做偏雜之才。偏才、兼才、兼德三種人才的德才比例程度不同，對他們品德的稱呼也不一樣。偏至之才以某一方面的才能命名；兼才之人以其所具有的品德作為稱呼；兼德之人更應用一種抽象的「美」來稱之。所以兼具各種品德而達到極高的程度，就叫做中庸。中庸，是對聖人的稱呼。總體上各種品德都已具備而發展程度還不高，稱之為德行。德行，是對大雅之人的稱呼。在一方面的才能比較完善叫做偏才，偏才，相當於小雅。九徵之中只具備一徵叫做依似，依似，屬德行紊亂一類。只在某些方面有才在另一些方面無德叫做間雜，間雜，指無恆常品德的人。德行紊亂和無恆常品德，風人中的末流之士。末流之人的品質，不能夠把它說完，所以將其省略不予關注。

賞析與點評

此節為末段，以賦與不同等級的人才以相應標籤作總結。從九徵的完備程度來劃分，可有三級：具一徵而將之極大化的人以該種才類得名，順理成章的叫「偏才」，劉劭又稱之為「小雅」；具數徵而又將之融化成美德的人，稱為「兼材」，又名「大雅」；囊括九徵而成就最高美善德行者，則為「兼德」，因而獲得最高稱譽「中庸」，中庸為聖人的屬性，非其他二種人才可比。

不過，世上人的品類雖多，但現實中有不少人連一徵皆未至，這當然不是說他們必為庸才，為社會的蠹蟲，但是考慮到討論名目過多，絕非一部書可以處理、應該處理、值得處理，所以劉劭只將他們粗分為兩類，並明言非本書所贅。此兩類為：「依似」及「間雜」。「依似」

者即似是而非的人，或具一徵但不加發展；「間雜」者雖具一徵但又有一陋習與之相抵銷，此種人即使有一二種優點，但往往此一時彼一時，無固定的表現，所以又名「無恆」，對此兩類人的標籤，劉劭下得真是顧其名而思其義。

總括而言，全章為人才的分類與觀察提供了哲學上的說明，由此而支起分析的框架，框架既成，便可在往後數章，從不同具體項目或側面，對人才的本質與觀人的方法、步驟、宜忌等等，作進一步的分析。

體別第二

本篇導讀——

上章〈九徵〉結尾時已明示《人物志》全書將以討論「偏才」為任，故自本章起，劉劭將會多角度對偏才之「偏」作全面的審視。「體別」的「體」字，可解為身體、氣質[1]、性格，觀乎全文似後兩者兼而有之[2]；而「別」字則有區別、差異[3]之義，可解為依差異而作的區分。「體別」二字合用，意思是依偏才氣質性格上的差異，而為各型人物不同的「偏」法作出區分。

檢討偏才之「偏」之首務，當在指出兩點。兩點中第一點是引子，或可視為襯托，第二點

1 見王曉毅（二〇〇八），《知人者智——人物志解讀》，北京：中華書局，頁七十九。按：王曉毅於《人物志》的研究，著作甚豐，水準極高，筆者讀之，得益匪淺，特申謝忱。

2 Shryock 亦認為「體」字於此一字數義。

3 見王曉毅（二〇〇八），《知人者智——人物志解讀》，頁七十九。

才是焦點所在：

其一，解釋偏才為甚麼會「偏」。

其二，分析偏才之「偏」是怎樣偏法。（亦即分析不同類型的偏才，其得者在哪，其失者又在哪。）

第一點其實答案已在〈原序〉及〈九徵〉中反覆提到，即所謂「偏」，其語意已內在地預設了一有所偏離的對象，否則就好比「無的放矢」（即沒有箭靶而隨意發箭），本無所謂中與不中，但竟被斥為「不中鵠的」般無稽。在全書中，此被偏離的對象就是「中庸」。由於本章焦點落在怎樣偏法，所以劉劭認為必須再進一步先描述「中庸」的特性，才可更有效反襯出偏才之偏的特性來。

弔詭點來講，「中庸」的特性就是無特性，換言之，它以無固定可被描述的特性為其特性。所以本章首句即說「夫中庸之德，其質無名」，意思是「中庸之德」的性質超越語言的界限而變得無以名狀，亦即是說，我們無法透過語言把握「中庸之德」的性質。原因無他，「中庸之德」變化不定，變動不居，周而不殆而以配合當下情狀的方式表現出來。就好比水，老子說「上善若水」[4]，其所以為善，原因之一在於其無常形亦無常勢，載之以杯則成杯形，儲之於井則成

4《道德經》第八章。

井形，動時如江海，靜時若小溪，可為波濤，可化水滴。「中庸之德」亦當如是，因此，以味形容之，不鹹不淡，又亦鹹亦淡，鹹中有淡，淡中有鹹；以外飾形容之，不華麗又非無裝飾，雖有紋彩但又毫不鮮明；與人接物，能脅之以威，但又關懷以無比深情；說話一時滔滔雄辯，一時又木訥無言。雖「變化無方」但又非毫無方寸，總之，其根本運作原則，在於使萬事萬物運行暢順，為此才變化萬端。

因此，人才若有偏頗偏差，則其表現必與中庸之德有別。怎樣別法？天下之人多矣，於此，劉劭又發揮他擅長的以簡馭繁大法，把所有的偏差歸為兩類：「抗」與「拘」。以劉劭的話，「抗者過之，而拘者不逮」，意思明顯不過，前者過了頭，比之中庸猶覺過強；後者不足，總是未達中庸標準。以劉劭的陰陽框架來表述，「抗」屬陽而「拘」屬陰。

若以現代心理學的人格理論（personality theory）試加比擬，榮格（一八七五至一九六一）早在一九二一年提出意識的四種功能（知覺、直觀、思考與感受）時，指出每一種功能都受外向型人格（extrovert）與內向型人格（introvert）的制約，因而得出八種人格類型。[5] 榮格的外向型人格，以能言善辯、精力充沛、主動交往為重要標誌，而內向型人格卻與之相反，以木訥寡言、萎靡不振、疏於交往見稱。劉劭的陽型人（亦即「抗」型）就正是榮格的外向型人格，

5 Jung, Carl (1976). Campbell, Joseph, ed. *The Portable Jung*. New York, NY: Penguin Books. p. 178.

而不用多言，其陰型人則是榮格的內向型人格的古代版本。兩套理論可資比較處甚多，只是劉劭比榮格早了將近二千年提出自己的看法。

其實，孔子對此早有所言，在答覆別人在子張與子夏之間誰更賢良時，孔子答謂「師（即子張）也過，商（即子夏）也不及」，問的人似稍為遲疑，以虛擬假定法（embedded question）追問，[6]認為孔子以子張為更賢，孔子則即時澄清，說「過猶不及」，意謂兩者無別，俱為偏差。

此處，劉劭明顯有所取於孔子，但置之於《人物志》的脈絡中，劉劭比孔子更加具體，指出兩種偏差型態，一者為流於過度亢奮冒進（即上述的「抗」），另一則病在拘謹遲疑（即上述的「拘」），與中庸相比，兩者的確是過猶不及。劉劭考慮到一抗一拘的一激一緩的特性，於是將二者配以陰陽，因此得出陰型人與陽型人二類。陰陽二型各再細分為六，於是歸納出總共十二款人物的性格類型。十二類型人物又依陰陽而有一一對應關係，即有此一陰，則有此一陽。由於每一類型人放在現實世界時，都會暴露出他們的長處及短處（請不要忘記上一章提到過的長處、短處兩者的共生現象），因此對他們信任與否，都隨之而有所不同。將上述變化綜合起來，結果，得出一個窺探人才性格的龐大矩陣來，我以下列兩表分述之。

閱讀此二表有兩點要注意，表一是劉劭的原文，表二是用現代語言略加解釋，換言之，

6 原問題為：「然則師愈與？」是假定孔子以師勝過商。

兩表是同一個表的不同版本。其次，陰陽二型的一一對應現象，在原文是一陽緊接一陰，但在此為方便整體掌握，換成先六陽後六陰，所以對應關係當是第一型人（陽型）對第七型人（陰型），如此類推。

陽型人＝抗：亢奮者

類型	特徵	優點	缺點	偏上加偏	可用的長處	難用的短處
強毅之人	厲直剛毅	才在矯正	失在激訐	不戒其強之搪突，而以順為撓，厲其抗	可以立法	難與入微
雄悍之人	雄悍傑健	任在膽烈	失在多忌	不戒其勇之毀跌，而以順為恇，竭其勢	可與涉難	難與居約
凌楷之人	彊楷堅勁	用在楨幹	失在專固	不戒其情之固護，而以辨為偽，強其專	可以持正	難與附眾
弘普之人	普博周給	弘在覆裕	失在溷濁	不戒其交之溷雜，而以介為狷，廣其濁	可以撫眾	難與厲俗
修動之人	休動磊落	業在攀躋	失在疏越	不戒其意之大猥，而以靜為滯，果其銳	可以進趨	難與持後
樸露之人	樸露徑盡	質在中誠	失在不微	不戒其實之野直，而以譎為誕，露其誠	可與立信	難與矯違

陰型人二：拘謹者						
類型	特徵	優點	缺點	偏上加偏	可用的長處	難用的短處
柔順之人	柔順安恕	每在寬容	失在少決	不戒其事之不攝，而以抗為劌，安其舒	可與循常	難與權疑
懼慎之人	精良畏慎	善在恭謹	失在多疑	不戒其懦於為義，而以勇為狎，增其疑	可與保全	難與立節
辨博之人	論辨理繹	能在釋結	失在流宕	不戒其辭之泛濫，而以楷為繫，遂其流	可與泛序	難與立約
狷介之人	清介廉潔	節在儉固	失在拘扃	不戒其道之隘狹，而以普為穢，益其拘	可與守節	難以變通
沉靜之人	沉靜機密	精在玄微	失在遲緩	不戒其靜之遲後，而以動為疏，美其懦	可與深慮	難與捷速
韜譎之人	多智韜情	權在譎略	失在依違	不戒其術之離正，而以盡為愚，貴其虛	可與讚善	難與矯違

（表一：十二型人才性格，原文版）

陽型人：外向性格型

類型	特徵	優點	缺點	偏上加偏	可用的長處	難用的短處
嚴厲型	嚴厲直率	矯正弊病	攻擊過激	不介意自己與人衝突，反以寬厚為屈從，結果嚴上加嚴	可協助建立法規制度	具體操作時不能入微
威猛型	威猛剛健	膽色一流	忌憚規矩	不介意自己破壞規矩，反以和順為怯懦，結果只懂憑威勢向前衝	有難必會同當	不懂守規
剛愎型	剛愎守正	堅守主流	固執專斷	不介意自己只堅持己見，反以辨別事理為浮誇，結果越來越固執	可以主持公道	難令眾人歸心
博愛型	博施濟眾	照顧周到	交誼泛濫	不介意自己相識過多而浮泛，反以有節度的交往為拘謹，結果交往泛濫成災	可安撫大眾	難以給予眾人正面的指導
敏捷型	好動磊落	不斷上進	處事粗疏	不介意自己處事大意粗疏，反以沉靜為呆滯，結果氣勢過於銳利	只能當前鋒	不能做後勤
外露型	真率外露	真誠無偽	膚淺浮泛	不介意自己過分率直，反以保護自我的掩飾為虛偽，結果將自己的心思意念全部坦露人前	可與此類人訂立信約	不懂變通

陰型人：內向性格型						
類型	特徵	優點	缺點	偏上加偏	可用的長處	難用的短處
溫柔型	溫柔寬容	待人寬厚	優柔寡斷	不介意自己過於優柔，反以嚴厲為傷害，結果只越發安於舒緩	循規蹈矩	不能解決懸疑難題
謹慎型	善良謹慎	恭敬戒謹	膽小疑慮	不介意自己面對正義之事沒有承擔，反以勇猛為亂來，結果疑上加疑	只可完成小事	不能肩負具正義價值之事
善辯型	論理力強	解釋疑竇	為辯而辯	不介意自己鑽牛角尖，反以復歸核心問題為思想束縛，結果越走越遠	只可有浮泛之論	討論時不肯接受遊戲規則的約束
清高型	耿直廉潔	儉樸守正	墨守成規	不介意自己不懂變通，反以博愛為不潔，結果流於迂腐	強於守規	弱於變通
深沉型	沉靜熟慮	深入思考	行動遲緩	不介意自己行動遲緩，反以有效率為粗疏，結果遇急事而無法應變	勝於深思遠慮	辦事不見效率
深藏型	深藏不露	老謀深算	陽奉陰違	不介意自己心術不正，反以誠實為愚蠢，結果做事永不用心	精於歌功頌德	不會糾正大眾缺失

（表二一：十二型人才性格，現代版。參考自王曉毅（二〇〇八），《知人者智——人物志解讀》，頁八十二至八十九。）

從以上兩表看，劉劭觀人之深與微，放之古今中外，都必成人格理論的重要參考。但當然，我們不應忘記，劉劭殫精竭思，其目的始終在發掘人才，以服務社稷為任，因此，其關心點不在人格理論的建立，而在使用不同人才時之宜與忌。

夫中庸之德，其質無名。故鹹而不堿[1]，淡而不醋䤈[2]，質而不縵[3]，文而不繢[4]。能威能懷[5]，能辯能訥[6]，變化無方，以達為節[7]。

注釋

1 堿：堿土，含有鹽分的土壤，古人從中取鹽。《後漢書・西南夷傳・冉駹》：「地有堿土，煮以為鹽。」

2 䤈：沒有味道。

3 質而不縵（粵：慢；普：màn）：看起來質樸無華卻並非沒有紋飾。質，質樸，沒有紋飾。縵，沒有花紋的絲織品。

4 文而不繢：看起來有紋彩卻並非像五彩花紋的圖案。文，紋理，花紋。繢，指彩色的花紋圖案。《漢書・食貨志下》：「乃以白鹿皮方尺，緣以繢，為皮幣，直四十萬。」」顏師古注：「繢，繡也；繪五彩而為之。」

5 威：使人畏懼懾服。懷：安撫。

6 訥：忍住少說話。

7 節：節度，限度。

譯文

中庸這種道德，它的實質內容沒有一個確定的名稱。因此說它鹹卻沒有堿土的苦澀，平淡卻不是沒有味道，看起來質樸無華卻並非沒有紋飾，看起來有紋彩卻並非像五彩花紋的圖案。能夠威懾人也能安撫人，能言善辯又能忍住少說話，變化多端沒有常規，以通達事物為限度。

賞析與點評

本節乃全文首段，目的只有一個，就是要在界定偏才不同型類的個別特質之前，先將偏才所偏離的核心——即中庸——界定清楚。當中庸的特性被進一步釐清後，偏才之所以為「偏」，便不言而喻。

如我在上文所言，中庸的特性就是無特性，此處劉劭從味道、外觀、語言三個維度，指出中庸的境界並無奪人眼球之處，因為凡是具有特色的東西，都只能在自己的強項領域內，發揮一己之所長，於是，在自己的弱項領域中，對別人將會毫無建樹。但中庸則不同，於需要雄辯時，可滔滔如長江大水，於需要無語時，可木訥如一尊大理石；可威猛無儔，以協助弱小，又可溫柔如水，好貼服人心。中庸之所以如此，不為名利，只為潤澤蒼生，有益於人。

是以抗者過之[1]，而拘者不逮[2]。夫拘抗違中[3]，故善有所章[4]，而理有所失[5]。是故厲直剛毅，材在矯正，失在激訐[6]。柔順安恕，每在寬容[7]，失在少決。雄悍傑健，任在膽烈[8]，失在多忌。精良畏慎，善在恭謹，失在多疑。強楷堅勁[9]，用在楨幹[10]，失在專固[11]。論辯理繹[12]，能在釋結，失在流宕。普博周給，弘在覆裕[13]，失在混濁。清介廉潔，節在儉固，失在拘扃[14]。休動磊落[15]，業在攀躋[16]，失在疏越[17]。沉靜機密，精在玄微，失在遲緩。樸露徑盡[18]，質在中誠[19]，失在不微[20]。多智韜情[21]，權在譎略[22]，失在依違。及其進德之日不止，揆中庸以戒其材之拘抗[23]，而指人之所短以益其失，猶晉楚帶劍遞相詭反也[24]。

注釋

1 抗：競爭進取。

2 拘：拘謹不爭。不逮：追不上。

3 違中：違背中庸之道。

4 善有所章：有明顯的好處。

5 理有所失：有其過失之理。全句的意思是，拘抗者違背中庸之道，只求其得而忽略了其所失。劉昺在解釋這句話時，引用了《莊子．達生》所講的兩個寓言：「魯有單豹者，巖居而水飲，不與民共利，行年七十而猶有嬰兒之色。不幸遇餓虎，餓虎殺而食之。有張毅者，高門懸薄，無不走也。行年四十而有內熱之病以死。豹養其內而虎食其外，毅養其外而病攻其內。此二子者，皆不鞭其後者也。」

6 激訐（粵：竭；普：jié）：激烈地攻擊別人的短處。

7 每：貪。《文選．鵩鳥賦》：「貪夫殉財兮，烈士殉名；誇者死權兮，品庶每生。」李善注引孟康曰：「每，貪也。」

8 任：能力，才能。《韓非子．定法》：「術者，因任而授官，循名而責實。」陳奇猷集釋：「太田方曰：『任，能也。』有能以勝任其事則任其事，故引申之為能也。」

9 楷（粵：皆；普：jiē）：樹木名，亦稱黃連木。其枝幹挺直，這裏用以形容剛直。

10 楨幹：古代夯土築牆的器具，築牆時所用的木柱叫楨，豎在兩旁障土的木柱或板叫幹。這裏比喻骨幹、支柱。《尚書・費誓》：「峙乃楨幹。」孔安國傳：「題曰楨，旁曰幹。」孔穎達疏：「題曰楨，謂當牆兩端者也。旁曰幹，謂在牆兩邊者也。」

11 專固：專擅，固執。

12 理繹：梳理，分析。

13 覆裕：普遍接觸寬宏容納。覆，覆蓋，遮蔽，引申為普遍。裕，寬大，寬容。《周易・繫辭下》：「益，德之裕也。」韓康伯注：「能益物者，其德寬大也。」

14 拘扃（粵：gwiŋ^{1}；普：jiōng）：拘謹自閉。扃，門閂。

15 休動磊落：行為善美光明磊落。

16 業在攀躋：建立功業在於向上攀登。攀躋，攀登。

17 疏越：疏忽，疏漏。

18 樸露徑盡：質樸率直全部顯示。

19 質在中誠：秉性忠誠。中，同「忠」。

20 不微：不善於隱蔽自己。微，隱匿，隱藏。《左傳・哀公十六年》：「白公奔山而縊，其徒微之。」杜預注：「微，匿也。」

21 韜情：隱匿真情。

22 權在譎略：靈活性在於狡黠有謀略。權，變通，靈活。

23 揆（粵：愧；普：kuí）：揣測，估量。

24 晉楚帶劍遞相詭反：晉人和楚人互相指責把劍佩戴反了。詭，違背，相反。《管子・四時》：「刑德合於時則生福，詭則生禍。」

譯文

所以競爭進取的人是過頭了，而拘謹不爭的人則是達不到。拘謹和進取的人都違背了中庸之道，所以他們都有明顯的長處，也有情理之中的過失。所以說，嚴厲耿直剛毅不阿的人，他的才幹在於糾正偏錯，失誤在於激烈地攻擊別人的短處。柔順安穩寬以待人的人，只貪求寬宏大量容忍謙讓，失誤在於缺少決斷。雄健有力強悍傑出的人，他的才能在於勇敢剛烈，失誤在於多所猜忌。精明強幹小心謹慎的人，長處在於謙恭有禮，失誤在於多所疑慮。剛直堅強的人，他的作用在於骨幹支撐，失誤在於專擅固執。能言善辯長於分析的人，他的能力善於釋疑解難，失誤在於飄蕩散漫。交際廣博能與各種人相處的人，他的寬宏在於廣泛容納眾人，失誤在於好壞不分。清正耿直廉潔自持的人，他的節操在於節儉不奢，失誤在於拘謹自閉。行為善美光明磊落的人，他的功業在於向上攀登，失誤在於疏忽遺漏。深沉不語內有心計的人，他的精明在於微妙玄遠，失誤在於遲疑緩慢。質樸率直全部顯露的人，他的秉性在於忠誠不渝，失誤在於不善於隱蔽自己。足智多謀隱匿真情的人，他的靈活在於狡黠有謀略，失誤在於左右依違猶豫不決。等到他們自認為德才大大增進，揣測中庸之道來避免自己才幹的偏向極端，指責別人的短處來增加他的失誤，就好像晉人和楚人由於佩戴寶劍的習慣不同，而互相指責對方把劍佩戴反了一樣。

賞析與點評

與中庸的平淡相對照，偏才處處露其頭角而為人所識。不過，劉劭立即指出偏才之所以如此，在於他們偏離最高的中庸境界。劉劭所採取的分析策略，分為兩個步驟，在本節中，劉劭描述了兩大類共十二型人物的特質（詳參本篇導讀表二），並對之作初步刻畫，再指出他們的強弱。

是故強毅之人，狠剛不和。不戒其強之搪突[1]，而以順為撓[2]，厲其抗[3]。是故可以立法[4]，難以入微[5]。柔順之人，緩心寬斷。不戒其事之不攝[6]，而以

抗為劇[7]，安其舒[8]。是故可與循常，難與權疑[9]。雄悍之人，氣奮勇決。不戒其勇之毀跌，而以順為恇[10]，竭其勢[11]。是故可與涉難[12]，難與居約[13]。懼慎之人，畏患多忌，不戒其懦於為義[14]，而以勇為狎[15]，增其疑。是故可與保全，難與立節。凌楷之人[16]，秉意勁特[17]。不戒其情之固護[18]，而以辨為偽[19]，強其專。是故可以持正，難與附眾。辯博之人，論理贍給[20]。不戒其辭之泛濫，而以楷為繫[21]，遂其流[22]。是故可與泛序[23]，難與立約。弘普之人，意愛周洽[24]。不戒其交之溷雜，而以介為狷[25]，廣其濁。是故可以撫眾，難與厲俗。狷介之人，砭清激濁[26]。不戒其道之隘狹，而以普為穢[27]，益其拘。是故可與守節，難以變通。休動之人，志慕超越。不戒其意之大猥[28]，而以靜為滯[29]，果其銳[30]。是故可以進趨，難與持後。沉靜之人，道思回復[31]。不戒其靜之遲後，而以動為疏[32]，美其懦[33]。是故可與深慮，難與捷速。樸露之人，中疑實[34]。不戒其實之野直，而以譎為誕[35]，露其誠。是故可與立信，難與消息[36]。韜譎之人，原度取容[37]。不戒其術之離正，而以盡為愚[38]，貴其虛。是故可與贊善，難與矯違。

注釋

1 搪突：即唐突，冒犯。

2 撓：屈，屈服。《戰國策・魏策四》：「秦王色撓，長跪而謝之。」

3 厲其抗：使其競爭進取之心更加強烈。厲，猛烈，激烈。《左傳・定公十二年》：「與其素厲，寧為無勇。」杜預注：「厲，猛也。」

4 以立法：用他們執行法律建立法律的權威。以，任用，使用。《尚書・立政》：「繼自今立政，其勿以憸人。」孔穎達疏：「王當繼續從今以往立其善政，其勿用憸利之人。」

5 微：細微。劉昺在解釋這句話時說：「狠強剛戾，何機微之能入？」機微即細微。

6 攝：鞏固，持久。《國語・楚語上》：「悛而不攝，則身勤之……攝而不徹，則明施舍以導之忠。」韋昭注：「攝，固也。」

7 劇：通「昧」，暗昧，愚昧。《韓非子・難言》：「總微説約，徑省而不飾，則見以為劇而不辯。」于省吾新證：「劇應讀作昧……昧謂暗昧。」

8 安其舒：安心於寬舒安穩的處事方法。

9 權疑：決斷疑難問題。

10 恇：畏懼，恐懼。

11 竭其勢：把可能帶來挫折失敗的逞強奮勇的氣勢發揮到極致。竭，盡。此指到極致。劉昺解釋「竭其勢」説：「而竭其毀跌之勢。」

12 與涉難：給與經歷艱難（的工作）。與，給與。

13 居約：服從約束，接受限制。

14 為：動詞，做。

15 狎：輕視怠慢。

16 凌楷：嚴峻正直。

17 秉意勁特：堅持自己意志的個性非常突出強烈。

18 情之固護：情志專一不移。

19 辨：通「變」。《荀子．臣道》：「故因其懼也而改其過，因其憂也而辨其故。」王念孫《讀書雜誌．荀子五》：「辨讀為變，變其故，謂去故而就新也。」

20 贍給：富足，豐富。

21 以楷為繫：把規矩視為束縛。楷，法式，典範。

22 遂其流：順從放任散漫飄蕩的心。劉昺在解釋「遂其流」時說：「而遂其流宕之心。」

23 泛序：泛泛地議論。

24 意愛周洽：普遍地施與仁愛之意。周洽，普遍。

25 以介為狷：劉昺注釋這句話說：「以拘介為狷戾。」拘介，守正耿介。狷戾，偏急暴戾。

26 砭清激濁：針砭抨擊世事的清濁。

27 以普為穢：劉昺注釋這句話說：「以弘普為穢雜。」意為把普遍存在的事物看成是污穢龐雜。

28 大猥：太強烈。大，「太」的古字。猥，猛烈，強烈。

29 以靜為滯：以沉靜為滯屈。

30 果其銳：劉昺注釋此話時說：「而增果銳之心」。果銳，銳意進取，急於求成。

31 道思回復：反反覆覆思考其中的道理。

32 以動為疏：以活動為粗疏。

33 美：以……為美。

34 中疑實：把心中的疑惑表現出來。

35 以譎為誕：把狡猾視為荒誕。

36 消息：變化。

37 原度取容：推測揣度別人的心思討好對方。原，推測，研究。《荀子．儒效》：「俄而原仁義，分是非，圖回天下於掌上而辨白黑，豈不愚而知矣哉！」

38 盡：誠懇盡力。劉昺在解釋「以盡為愚」時說：「以款盡為愚直」，可見「盡」為「款盡」之意。

譯文

所以耿直剛毅不阿的人，剛狠嚴厲。他不是力求戒除剛強中冒犯唐突的缺點，而是把柔順當作軟弱屈服，從而使其競爭進取之心更加強烈。所以這種人可以用他執法而建立法律的權威，很難用他從事細緻入微的工作。柔順安慰寬以待人的人，心性平緩，處事寬鬆。他不是力求戒除缺乏穩固持久的缺點，而是把亢奮進取看作是昏暗愚昧，安心於寬舒安穩的處事方法。所以這種人可以讓他遵循常規辦事，很難讓他決斷疑難問題。雄健有力強悍傑出的人，意氣奮發勇猛果敢。他不是力求戒除奮勇會帶來挫折和失敗的缺點，而是把順應時勢看成是膽小怯懦，從而把可能帶來挫折失敗的逞強奮勇的氣勢發揮到極致。所以這種人可以讓他經歷艱難，很難讓他服從約束接受限制。膽小謹慎的人，恐懼憂慮多所忌諱，他不是力求戒除害怕行義的缺點，而是把勇敢看作是對人的輕視怠慢，從而進一步增加疑慮恐懼心理。所以這種人可以全身自保，很難要求他建立名節。嚴峻剛直的人，堅持自己意志的個性非常突出強烈。他不是力求戒除情志專固不會改變的缺點，而是把變化視為虛偽，從而強化固執不變的性格。所以他可以執意堅持自認為是正確的東西，卻很難得到眾人的依附。能言善辯知識廣博的人，理論充足。他不是力求戒除言論無所顧忌的缺點，而是把規矩視為束縛，順從放任散漫飄蕩的心志。所以這種人可以讓他泛泛地議論，很難讓他對自己有所約束。交際廣博能與各種人相處的人，普遍地對人施與仁愛之意。他不是力求戒除結交混雜的缺點，而是把守正耿介視為偏急暴戾，從而擴大自己清濁不辨的毛病。所以這種人可以讓他安撫眾人，很難讓他激勵世俗。清正耿直廉潔自持的人，針砭抨擊世事的清濁。他不是力求戒除處世方法狹隘的缺點，而是把普遍視為污穢，從而更加拘泥和保守。所以這種人可以讓他堅守節操，很難讓他進行變通。行為善美光明磊落的人，欽慕高超遠大的志向。他不是力求戒除自我意志太強烈的缺點，而是把安穩沉靜視為呆板遲滯，從而更加銳意進取急於求成。所以這種人可以讓他開拓前行，很難讓他處理善後。深沉平靜的人，做事反反覆覆考慮其中的道理。他不是力求戒除由於平靜帶來的遲緩滯後的缺點，而是把積極的活動視為粗疏，以怯懦為美德。所以這種人可以讓他深思熟慮，很難讓他做到快速敏捷。質樸率直全部顯露的人，把心中的疑惑都表現出來。他不是力求戒除由於實在帶來的坦直無拘束的缺點，而是把狡黠視為荒誕，更加袒露自己的真誠。所以這種人可以和他講信義，但很難讓他隨情況的變化而變化。足智多謀隱匿真情的人，推測揣度別人的心思討好對方。他不是力求戒除處事脫離正道的毛病，而是把誠懇盡力視為愚昧不化，更加看重虛偽不實。這種人可以讓他讚美頌揚善美，很難讓他糾正違規杜絕邪惡。

賞析與點評

十二型人六陽六陰，各有強弱，但只分析優缺而不指出如何有效利用各偏才的優點，與提醒大家務以其缺點為戒，則不是《人物志》一書帶有實用主義傾向的最終目的。所以本節所論比上節為多的地方，在指出偏才的性格，如何令他們越走越遠，迷途而不知自返。偏才之弊，其一就是只知欣賞自己的優點，無視自己的弱點，且視他人的優點為無物，此正是他們的盲點所在，猶有甚者，再由此盲點發展至互相攻訐，因訐人與被攻訐而偏上加偏，造成惡性循環。

夫學，所以成材也。恕[1]，所以推情也[2]。偏材之性不可移轉矣[3]。雖教之以學，材成而隨之以失。雖訓之以恕，推情各從其心[4]。信者逆信[5]，詐者逆詐[6]，故學不入道[7]，恕不周物[8]，此偏材之益失也[9]。

注釋

1 恕：推己及人。《論語・衛靈公》：「子貢問曰：『有一言而可以終身行之者乎？』子曰：『其恕乎！己所不欲，勿施於人。』」

2 推情：以自己的心理情感推想別人的心理情感。

3 偏材之性不可轉移：劉昺在解釋這句話時說：「固守性分，聞義不徙。」意思說，偏材片面僵化地固守「恕」的訓導，即使聽到符合道義的道理也不改變。

4 推情各從其心：以固定的心態來推想不同的人。劉昺在解釋這句話時說：「意之所非，不肯是之於人。」意思說，自己意識裏認為該否定的，就不以肯定的態度對待別人。

5 信者逆信：劉昺在解釋這句話時說：「推己之信，謂人皆信，而詐者得容其偽也。」逆，接受，肯定。

6 詐者逆詐：劉昺在解釋這句話時說：「推己之詐，謂人皆詐，則信者或受其疑也。」

7 道：規律，方法，途徑。

8 周物：符合客觀事物的實際。此指符合所推想之人的心理。

9 益：增加，增大。

譯文

學習，是使人能夠成材的途徑。恕，是用自己的心推想別人心理的方法。而偏材的心性片面僵化地固守「恕」的訓導不能靈活轉變。即使教導他學習，他也會因學有所成而在實踐中有所失誤。即使訓導他對人以恕，他也會用固定的心態來推想不同的人。如果他自己講信，會認為所有的人都是誠信的，如果他自己講詐，會認為所有的人都是詐偽的，所以學習沒有掌握真正的規律，講恕不能符合所推想的人的真正心理，這就更加增大了偏才之人的失誤。

賞析與點評

本節有破有立，「破」者，在常識認為有兩樣東西，可以改變性格，使人成材。其一為學習，其二為同理心。一般看法，學習使我們增益，不斷進步，擴闊視野，獲取概念工具，加強對人對事的分析能力。同理心令我們抽離個體的小我，而進入別人內心，感受其感受，所謂樂其所樂，哀其所哀。由此人與人的關係越趨密切，以致達致天下太平云云。

但劉劭獨闢蹊徑，以顯其「立」，認為學習只會鞏固偏才之偏，以致其盲點日益嚴重，最終令一眾偏才，黨同伐異，反而對別人誤解多於理解。同理心本美，但偏才卻誤用為以己心測度人心，結果悉得其反，就如誠實的人誤以為凡人皆誠實，狡獪者又會以為所有人都奸詐無比，因而各走極端。

本章以一破一立作結，旨在反覆強調偏才之異於中庸，在於其性格的極端，極端者，偏激是也，偏激者，偏才之所以為偏者是也。

流業第三

本篇導讀——

前一章〈體別〉根據人才的性格，把偏才分為十二型，本章亦把人才分為十二類，不過焦點不在性格，而在能力與幹練程度。從不同角度把人才分類是十分合理，且符合常識的。所謂人才選拔，首重其能力與專長，恰如其分的掌握了，就可將他們調任至適當崗位。但劉劭認為，所謂能力或多或少是由其性格所決定的，或者至少可說，一個人的能力是否能夠發揮出來，總受到他的性格所左右。因此，在本章之前，劉劭必先提出他的人格理論學說（詳見前章〈體別〉），然後才在本章討論人才、能力、崗位三者之間的關係，這反映了其思路的進程及相關問題實有其內在邏輯，同時亦向觀人者或管理人告誡，在考察人才時，此次第不宜逆轉。

「流業」的「流」字，誠如北魏時的劉昺，亦即《人物志》成書早期最重要的注釋家所言[1]，本章所分十二類型人才，首三類（清節、法、術）為核心型，緊接的五型為由此三類所衍生出的類型（其餘四型為雜類，亦為非政務系統崗位），依此，前三型與後五型便有「一源一流」的關係，於是，「流」就有由源頭而衍生出來的意思。至於「業」，郭模認為是特指「政教之業」[2]，即政府機構的官職，其他學者多認為是泛指事業，如Shryock之『vocation』[3]，不過，兩者意思可以兼容。「流業」二字合起來，就有以「清節、法、術」三型為核心所衍生的諸型到底適合哪個職位的意思。

如上所言，十二類型人才有核心三型、衍生五型及雜類四型，其中衍生五型實質還可細分兩類，一類是三才俱備，另一類是只具一才，三才俱備當然仍可再分，無論如何，劉劭把一組織內的不同崗位，作秩序化的分類，實是一場非線性思考的示範。十二類型以下依次以表列之，讀者即能體會其層次之分明：

1 劉昺：「三材（按：即清節、法、術）為源，習者為流，流漸失源，其業各異」。轉引自李崇智（二〇〇一），《人物志校箋》，成都：巴蜀書社，頁六十三。

2 郭模（一九八七），《人物志及注校證》，臺北：文史哲出版社，頁二十八。

3 Shryock, J. K. (1937). *The Study of Human Abilities*. New Haven: American Oriental Society. p.68.

政務系統與否	十二類型關係		十二類型人才名稱	人才特質	宜任官職	史上代表人物
政務系統	核心型		清節	德行高尚，足為人法	師氏（即皇族子弟教師）	延陵、晏嬰
			法	制定法律、建立制度，有利社會中人的多邊行為，而使國家富強	司寇（為刑獄之官）	管仲、商鞅
			術	能看通大局，有長遠計謀	三孤（為三公即宰相的副手）	范蠡、張良
	衍生型	三才俱備	國體	上述三種才能俱備，並且很強，是治國大才	三公（宰相級高官）	伊尹、呂望
			器能	上述三種才能俱備，但不算強，雖未致於治國，但仍足獨當一面	冢宰（為宰相以下的六卿之首）	子產、西門豹
		只具一才	臧否（清節之流）	近於清節家，但其身雖正，卻未能容人之不正，以致不能導人向善	師氏之佐（皇族子弟教師的副手）	臧否，子夏
			伎倆（法家之流）	近於法家，但所制定的規範制度，欠缺宏觀視野，只圖一時之效	司空之任（工程官長）	張敞、趙廣漢
			智意（術家之流）	近於術家，但亦欠缺宏觀視野，所以計謀只有一時之效	冢宰之佐（為六卿的副手）	陳平、韓安國

政務系統與否	十二類型關係	十二類型人才名稱	人才特質	宜任官職	史上代表人物
非政務系統	雜類型	文章	長於文字寫作	國史之任（史官一類官員）	司馬遷、班固
		儒學	善於傳承聖人的理想，但僅止於此	安民之任（並非官職）	毛公、貫公
		口辯	能言善辯，遊說力強，但道德情操不一定高	行人之任（司掌禮儀之官）	樂毅、曹丘生
		雄傑	膽識過人，又有材略	將帥之任（統領軍務之官）	白起、韓信

除為偏才分類外，本章在後半部分展示另一要旨，指出上述十二型俱為人臣之能而非國君之才，後者取勝不在專才，而在於兩點：一者為平淡，另一者為任賢。平淡是全書一以貫之的宗旨，一言以蔽，就是貌似無才而能役使眾才，此乃聖人亦是人君的重要標誌。而任賢可以說即是觀人、選拔、任免、協調等工作的縮寫。觀人者，不必被觀，故無需專才之相；選拔者，不被選拔，故不需特殊之能；任免者與協調者亦復如是。但無專才之相或特殊之能，不等於無才無能，而是所有才與能俱全然大備。事實上，若人君在某方面的才能過分突出，只會將國家導向相關方面發展，其他需要勢必被忽略。例如，若國君為軍事天才，勢必窮兵黷武，國家版

圖或會因而擴闊，但民生與經濟發展，恐將大大滯後而致民不聊生，甚至生靈塗炭，拿破崙的故事大家當耳熟能詳。

劉劭所論，雖然在於安邦定國之務，但對現代企業管理者而言，一樣極具參考價值。其實，所謂「偏才」之間的分別，說到底就是個體間的差異現象，但單說「差異」是只見平面不見立體的下乘之見。用人而能真正恰如其分，必須先抓住最根本、最核心的才能特質，然後再談其他，四書中《大學》的名言，「物有本末，事有終始」，與孟子所說「先立乎其大者，則其小者不能奪」，說的都是這個意思。在劉劭看來，人格品德（德）、制度建設（法）與大局視野（術）三者，是人才之大者。這對管理人有甚麼啟示呢？一所企業能否成功，當然有賴眾多因素的配合，如資本投資、營運成本、經營策略、市場氣氛等等先天後天、外因內因、長期或者突發的因素，不勝枚舉，但其中佔軸心的就是人才無疑。上述諸種因素要能物盡其用，常識告訴我們，其先決條件就是人盡其才。但我認為「人盡其才」四字，仍未道盡其要，原因無他，各人之才即使得盡，但未能互相配合，就好比一隊集齊全世界足球壇上的射手國腳，往往因太多的「個人表演」而敗給二、三綫但能有效各司其職的隊伍，類此賽果國際上常見焉。我的意思，不在要有團隊精神，而在要建立團隊精神，首要條件是要認識隊員的「個體差異」。本章〈流業〉要處理的就是這個問題。劉劭以三材為核心能力，再衍生緊接五材，最後輔以四種非政務職位，由此所支架起的分析框架，是向所有政府領導人及企業管理者，示範怎樣把一整大塊管理領域，有序地切割成不同層次的立體版塊，令每一版塊都被照顧得「體有完膚」，最終給整合成各司其職但又有如交響樂團般和諧的隊伍，其間訣竅當在對個體差異的掌握。

蓋人流之業十有二焉[1]：有清節家[2]，有法家[3]，有術家[4]，有國體[5]，有器能[6]，有臧否[7]，有伎倆[8]，有智意[9]，有文章[10]，有儒學[11]，有口辯[12]，有雄傑[13]。

注釋

1 業：志業，由志向所決定的事業或功業。劉昺在注釋這句話時說：「性既不同，染習又異，枝流條別，各有志業。」

2 清節家：品德節操行為堪為世人楷模之人。

3 法家：戰國時期的一個重要學派。經濟上主張重農抑商，獎勵耕戰；政治上主張君主專制，運用術勢，嚴刑厲法；思想上主張禁斷百家，以法為教，以吏為師。主要代表人物有李悝、慎到、商鞅、申不害、韓非等人。

4 術家：善於運用奇謀妙策之人。劉昺在解釋「術家」時說：「智慮無方。」即不按一定常規靈活地運用智謀。

5 國體：兼備清節家、法家、術家三者素質才能的國家棟樑之才。

6 器能：在德、法、術三方面略次於國體的人才。

7 臧否：褒貶，評論。此指具備清節家的品德，但心胸不寬，喜歡褒貶人物、評論是非的人。

8 伎倆：指雖然不能為國家制定長遠的政策和策略，但有執行政策和策略技巧的人。

9 智意：指善於權變、深諳謀略、機智靈活的人。

10 文章：指文筆燦爛，能寫文章的人。

11 儒學：傳授儒家學說的人。

12 口辯：能言善辯之人。

13 雄傑：有膽有勇，謀略過人之人。

譯文

人們由能力所決定的事業或功業有十二種：有清節家，有法家，有術家，有國體，有器能，有臧否，有伎倆，有智意，有文章，有儒學，有口辯，有雄傑。

賞析與點評

首節劃定全章討論範圍，表面是提出共有十二種事業以供研究，但究其實，是示範小至機構、中至企業或大至國家，都必須把工作分成不同部分。這區分當然不是隨意的，而是具有普遍意義。

試看首三項，是關係到長遠大局的謀劃，中五項是為之協助、鞏固以及落實的輔翼，末四項亦以不同方式與之攸關，三組崗位互相配合，由策劃、協助到執行，共同輻輳出一個龐大的運作機器，或將國家、或將企業、或將小型組織，管理得井井有條。這正是管理人在人事安排上應遵循的原則。

若夫德行高妙[1]，容止可法[2]，是謂清節之家，延陵、晏嬰是也[3]。建法立制，強國富人，是謂法家，管仲、商鞅是也[4]。思通道化[5]，策謀奇妙，是謂術家，范蠡、張良是也[6]。兼有三材，三材皆備，其德足以厲風俗[7]，其法足以正天下，其術足以謀廟勝[8]，是謂國體，伊尹、呂望是也[9]。兼有三材，三材皆微，其德足以率一國[10]，其法足以正鄉邑[11]，其術足以權事宜，是謂器能，子產、西門豹是也[12]。兼有三材之別，各有一流，清節之流，不能弘恕[13]，好尚譏訶[14]，分別是非，是謂臧否，子夏之徒是也[15]。法家之流，不能創思遠圖，而能受一官之任，錯意施巧[16]，是謂伎倆，張敞、趙廣漢是也[17]。術家之流，不能創制垂則[18]，而能遭變用權，權智有餘，公正不足，是謂智意，陳平、韓安國是也[19]。凡此八業，皆以三材為本。故雖波流分別，皆為輕事之材也[20]。能屬文著述[21]，是謂文章，司馬遷、班固是也[22]。能傳聖人之業，而不能干事施政[23]，是謂儒學，毛公、貫公是也[24]。辯不入道而應對資給[25]，是謂口辯，樂毅、曹丘生是也[26]。膽力絕眾[27]，才略過人，是謂驍雄，白起、韓信是也[28]。凡此十二材，皆人臣之任也，主德不預焉[29]。

注釋

1 若夫：至於。用於句首或段落的開始，表示另提一事。

2 容止：儀容舉止。法：效法。

3 延陵：即春秋時吳國人季札，吳王壽夢少子，亦稱公子札，因被封於延陵，又稱延陵季子。因其有賢德，其兄諸樊、余祭、夷昧都曾讓君位給他，但季札均不接受。曾出使魯國，在觀賞周朝詩歌和樂舞時，藉分析詩歌樂舞評論諸侯盛衰，很有影響。**晏嬰**：春秋時夷濰（今山東高密）人，字平仲，齊國大夫，歷齊靈公、莊公、景公三朝。厲行節儉，善於勸諫，談鋒機智，主張誅不避貴，賞不遺賤，重視發展農業生產。多次出使楚、晉、魯等國，在當時各諸侯國中頗有影響。在《左傳》、《史記．管晏列傳》、《晏子春秋》中對其事跡多有記載。

4 **管仲**：春秋初潁上（今安徽潁水畔）人，名夷吾，一稱敬仲。初與鮑叔牙經商，齊襄公時與公子糾投奔魯國，後經鮑叔牙推薦，被齊桓公任為卿相，在齊國進行政治經濟改革，主張按土地肥瘠徵賦，開發魚鹽之利，鑄貨幣平物價，重視選拔人才。在他的輔佐下，齊國國力大增，成為春秋時的霸主。**商鞅**：戰國時衛國人，公孫氏，名鞅，亦稱衛鞅、公孫鞅、商君鞅、商君。喜好刑名之學，初為魏相公孫痤家臣，公孫痤死後入秦，以強國之術遊說秦孝公，深被信任，任左庶長，先後實行兩次變法，使秦國成為戰國時最強大的國家。後遷任大良造，率軍攻魏，俘獲魏公子卬。以功封於商（今陝西商州東南），號商君。孝公死後，遭到反對派的誣害，舉兵反抗，兵敗被俘，被車裂而死。

5 **思通道化**：思想與客觀規律的變化相通。道化，指自然和社會規律的發展變化。

6 **范蠡**：春秋末楚國宛（今河南南陽）人，字少伯。與宛令文種為友，後一起進入越國，為越王句踐謀臣。越國被吳國打敗後，隨越王句踐入吳為質，三年後隨句踐返越，幫助越王奮發圖強，待機復仇。越國強大後，滅掉吳國，范蠡卻離開越國到了齊國，稱鴟夷子皮。後到陶（今山東定陶西北）改稱陶朱公，通過經商成為巨富。其政治主張和經濟思想在《國語》、《呂氏春秋》、《史記》等史籍中有記載。張良：秦朝末年人，字子房，出身韓國貴族，祖父與父親相繼為韓國卿相。秦滅韓後，圖謀復國，傾家財尋求刺客，對秦始皇進行刺殺未遂，因而逃亡，在下邳隱名避禍，隨從圯上老人學《太公兵法》。秦末參加陳勝、吳廣起義，後歸附劉邦，成為其手下重要謀士。劉邦進入關中後，曾勸其不要貪戀宮室，又在項羽的鴻門宴中為劉邦解危。楚漢戰爭中，主張爭取英布、彭越、韓信，連兵破楚，反對酈食其分封六國之後的主張。劉邦建國後，被封為留侯，在勸劉邦定都關中、冊立太子等問題上均起重要作用。

7 厲風俗：勉勵好的社會風氣習俗。

8 謀廟勝：謀劃朝廷預先制定的克敵制勝的謀略。《尉繚子．戰威》：「刑如未加，兵未接，而所以奪敵者五：一曰廟勝之論。……」

9 伊尹：商初重要謀臣，名尹，一說名摯，尹是官名。初在有莘國為奴，成湯娶有莘氏女，伊尹作為陪嫁入商。成湯發現其才，提拔重用，後委之以國政。先後幫助成湯滅掉葛、昆吾等小國，後打敗夏桀，建立商朝。呂望：又稱太公望、呂尚、師尚父，俗稱姜太公、姜子牙。西周開國大臣，姜姓，名尚，字子牙。周文王遇之於渭水之陽，以之為師。文王死後，繼續輔佐武王，在滅商建周中功績卓著，故西周建立後被封於營丘，為齊國的開國之君。

10 率一國：為一國的表率。

11 正鄉邑：糾正基層社會中的不良風氣習俗。鄉邑，上古時指鄉里，秦漢以後多指縣以下的小鎮。此泛指基層社會。

12 子產：春秋時鄭國人，名僑，字子產，又字子美。鄭穆公之孫，公子發之子，因此又稱公孫僑，也稱國僑。因其居於東里，也稱東里子產。任鄭國卿、少正等職，執掌國政期間，銳意改革，作丘賦，鑄刑書，舉賢用能，保護鄉校，把鄭國治理得井井有條，死後被孔子稱為「古之遺愛」。西門豹：戰國時魏國大臣，姓西門，名豹。魏文侯時任鄴縣縣令，到任後廢除當地為河伯娶婦的陋習，移風易俗。主張藏糧於民，寓兵於農，示民以信。在任期間，開鑿十二渠，引漳河灌溉農田。他為官清廉，不取個人秋毫之私利。據說他為人性急，常佩韋以自緩。

13 弘恕：寬容，寬大。

14 譏訶：譏笑責備非難。

15 子夏：春秋末晉國溫（今河南溫縣西南）人，姓卜，名商，字子夏，孔子弟子，列於孔門文學之科。主張「仕而優則學，學而優則仕」、「博學而篤志，切問而近思」。要求國君研讀《春秋》，以史為訓。提出尊賢輕色，事親竭力，事君盡忠，交友守信。因主張大德不可越軌，小德可有出入，被孔子批評為守禮不嚴。孔子死後到魏國西河講學，魏文侯師事之。李悝、吳起、商鞅都是他的學生。

16 **錯意施巧**：着意施展實現自己意圖的技巧。錯意，在意，着意。錯，通「措」。巧，指實現自己意圖的技巧。

17 **張敞**：西漢河東平陽（今山西臨汾西南）人，字子高。漢昭帝時任太僕丞，因切諫昌邑王而出名。歷任豫州刺史、太中大夫、平尚書事、山陽太守、膠東相、守京兆尹、冀州刺史、守太原太守等職。整頓京師治安頗有成效。**趙廣漢**：西漢涿郡蠡吾（今河北博野西南）人，字子都。歷任州從事、平準令、陽翟令、京輔都尉、守京兆尹、潁川太守等職。在潁川太守任上，懲治郡中豪強，郡中震慄。在京兆尹任上精於吏治，為漢興以來治理京兆最有成績者。霍光死後，摧辱霍氏及貴戚大臣，無所迴避。後因上書告發丞相魏相，被司直蕭望之彈劾，死於腰斬之刑。

18 **垂則**：垂示法則。《漢書．外戚傳下．孝成許皇后》：「垂則列妾，使有法焉。」顏師古注：「言垂法於後宮，使皆遵行也。」

19 **陳平**：秦末陽武（今河南原陽東南）人。出身貧寒，喜黃老之術。秦末天下大亂，先後事魏王咎、項羽，隨項羽入關破秦。後歸順劉邦，為劉邦重要謀士。屢向劉邦進獻奇策，如離間項羽君臣、解平城之圍、計擒韓信等等。歷任都尉、亞將、護軍中尉等，先後被封為戶牖侯和曲逆侯。惠帝時又歷任郎中令、左、右丞相。諸呂專權時，以不理政事縱情酒色偽裝自己。呂后死，與太尉周勃合謀誅滅諸呂，迎立文帝。**韓安國**：西漢梁國睢陽（今河南商丘南）人，字長孺。初在梁王手下任中大夫，平定吳楚七國亂有功，任梁內史。漢武帝時任北地都尉、大司農、御史大夫、護軍將軍等職。性貪財嗜利，但不嫉賢妒能，舉薦人才，因此被士人所稱。丞相田蚡死後，一度以御史大夫行丞相事，後因病免職。後歷任中尉將軍、衞尉將軍、材官將軍等職，因將屯失亡多，被武帝所責，憂鬱而死。

20 **輕事**：輕而易舉地完成職責分內的事情。

21 **屬文**：撰寫文章。《文選．文賦》：「每自屬文，尤見其情。」李善注：「屬，綴也。」綴即組織文字以成篇章之意。

22 **司馬遷**：西漢左馮翊夏陽（今陝西韓城南）人，字子長。少年隨父讀書，又從董仲舒、孔安國學《春秋》、《尚書》。十二歲出遊，足跡遍於湖北、湖南、江西、浙江、江蘇、山東、河南等地。後任郎中，隨漢武帝巡遊到過陝西、山西、甘肅、內蒙等地，又奉命出使四川、雲南等地，積累了豐厚的閱歷。父親死後，繼承父親遺志，繼續著史。漢武帝元封三年（前一〇八）任太史令，閱讀皇室藏書，搜集史料。天漢三年（前九七），因替投降匈奴的李陵辯解，被下獄中，遭受腐刑。出獄後忍辱發奮，繼續撰述，寫成我國第一部紀傳體的通史《史記》。班固：東漢扶風安陵（今陝西咸陽東北）人，字孟堅，班彪之子。十六歲入洛陽太學，二十三歲父死，歸鄉里，潛心撰述史書。後被人誣告私改國史，入獄。其弟班超辯明其冤，乃被釋出獄，任蘭臺令史，撰述東漢開國以來的史事。先與陳宗等人共同撰成《世祖本紀》，遷為典校秘書後，又自撰功臣、平林、新市、公孫樹等列傳，載記二十八篇。後受明帝之命，撰成起自高祖劉邦終於王莽的《漢書》。章帝時官遷玄武司馬，撰成《白虎通義》。和帝時隨竇憲出擊匈奴，竇憲失事自殺，班固受牽連入獄而死。

23 干事：參與軍政國事。

24 毛公：相傳為西漢魯（治今山東曲阜）人，一說為趙（今河北邯鄲西南）人，名亨，河間獻王博士，時人稱為大毛公，以別於傳承其學的小毛公毛萇。作《毛詩故訓傳》三十卷，開創一派《詩經》古文學。貫公：即貫長卿。西漢學者，趙人，古文學派毛詩派的傳人，《漢書·儒林傳》中有載。

25 資給：天資聰敏，伶俐善辯。

26 樂毅：戰國時陵壽（今河北靈壽西北）人，魏將樂羊的後代。燕昭王時入燕，任亞卿。以上將軍之任率燕、趙、魏、韓、秦五國軍隊伐齊，大敗齊軍。又率燕軍獨進，攻破齊國城邑七十多座，一直打到齊國首都臨淄，因功被封為昌國君。燕昭王死後，繼位的燕惠王中田單的反間計，罷黜樂毅，樂毅遂出奔趙國，受封於觀津，號望諸君。後燕惠王有悔意，派人召之，樂毅不肯應召，在趙國終老。**曹丘生**：秦末辯士，楚人，依附貴人，利用貴人權勢向人請託金錢。與貴人趙同、竇長君關係好。曹丘生想結識將軍季布，請竇長君給季布寫信介紹自己。竇長君說：「季將軍不喜歡你，你不要去見他。」曹丘生堅持要見，竇長君只好寫信先給季布送去。季布見信果然大怒，等待曹丘生的到來。曹丘生到後，對季布說：「我是楚人，您也是楚人。楚地有一句諺語『得黃金百，不如季布一個許諾』。您為甚麼在楚地會有這樣的名聲呢？是因我的遊走宣揚的結果，難道您不念及這些嗎？怎麼對我這樣深加拒絕呢？」季布聽後，非常高興，便把他留下，奉為上賓。

27 **絕**：超過。南朝宋鮑照《代朗月行》：「鬢奪衛女迅，體絕飛燕光。」

28 **白起**：戰國時眉（今陝西眉縣東）人，一稱公孫起，著名軍事家。秦昭王時任左庶長、左更、大良造。率軍打破韓魏聯軍於伊闕，進攻魏國攻陷六十一城，進攻楚國東進至竟陵，南進至洞庭湖一帶，以功封武安君。秦昭王四十七年（前二六〇），在長平大敗趙軍，坑殺趙軍降卒四十餘萬。後與相國范雎有矛盾，被免為士伍，在陰密被迫自殺。韓信：秦漢著名軍事家。淮陰（今江蘇淮陰南）人，早年家貧，秦末參加項梁、項羽的反秦武裝，因不被重用，後離開項羽投奔劉邦。開始不被劉邦重用，由於蕭何保舉，拜大將軍。楚漢戰爭中先後定魏，擊代、趙，降燕，破齊，垓下決戰，打敗項羽，戰功卓著。先被封為齊王，後被徙為楚王，又因為被人誣告謀反，貶為淮陰侯。陳豨反叛後，韓信與之暗通消息，其舍人又告發他準備發兵襲擊呂后及太子，被呂后與蕭何設計殺害。

29 **主德**：指善於使用各種人才的君主。

譯文

至於德行高尚美好，儀容舉止可以被眾人效法的，這種人可稱之為清節家，吳國延陵季子、齊國晏嬰就是這樣的人物。建立法律和制度，使國家強大人民富裕，這種人可稱之為法家，齊國管仲、秦國商鞅就是這樣的人物。思想與客觀規律的變化相通，所謀劃計策奇詭絕妙，這種人可稱之為術家，越國范蠡、漢朝的張良就是這樣的人物。兼有德、法、術三種才幹，三種才能又比較完備的，其品德足以勉勵好的社會風氣和習俗的建立，其法律足以匡正天下歪風邪氣，其謀術足以謀劃朝廷預先制定的克敵制勝的謀略，這種人可稱之為國體，殷商的伊尹、西周的呂望就是這樣的人物。兼有德、法、術三種才幹，而三種才幹卻都稍差前者，其品德足以為一國的表率，其法律足以匡正基層社會，其謀術足以應變各種事物，這種人可稱之為器能，鄭國的子產、魏國的西門豹就是這樣的人物。兼有三種才幹的某兩項，並且各自有自己的流派，在清節家流派中，不能寬宏大量，喜歡對人譏笑責備非難，分辨誰是誰非，這種人可稱之為臧否，子夏之流就是這樣的人物。在法家流派中，不能創新思慮建立長遠規劃，但能在具體官位上勝任，着意施展實現自己意圖的技巧，這種人可稱之為伎倆，漢朝張敞、趙廣漢就是這樣的人物。術家的流派中，不能創建制度垂示法則，但能在情況變化的時候想出具體的應變策略，權變智謀有餘，公平端正不足，這種人可稱之為智意，漢朝陳平、韓安國就是這樣的人物。凡此八類人才，都是以德、法、術三種才能作為根本。所以雖然這些人的流派不同，但都是能夠輕而易舉地完成職責分內的事情的人才。能撰寫文章著書立說，這種人可稱之為文章，漢朝司馬遷、班固就是這樣的人物。能傳承聖人的事業，而不能參與國事實施政事，這種人可稱之為儒學，漢朝毛公、貫公就是這樣的人物。辯論的方法和語言不合正道但卻語言豐富應對自如，這種人可稱之為口辯，燕國樂毅、漢代曹丘生就是這樣的人物。膽量勇力超過眾人，才能謀略高於眾人，這種人可稱之為驍雄，白起、韓信就是這樣的人物。

上述十二種人才，都是在臣子的位置上，善於使用各種人才的君主不包括其內。

賞析與點評

此節在全章中篇幅最長，亦是全書分析人才最精彩的其中一段。劉劭將人才放在一個極有層次的分析框架中，第一層把十二型分為兩大類：「政務系統」與「非政務系統」，前者其數為八，後者為四；第二層則將政務系統分為「核心型」與「衍生型」，其數分別為三與五；在第三層中，進一步細分為「三才俱備型」與「單具一才型」，其數分別為二與三。

三種「核心型」人才分別為「清節家」（又稱「德家」）、「法家」與「術」家，「清節家」人物高風亮節，是德行上的楷模，乃眾人所效法的對象，其存在令整個組織具強大的向心力，至關緊要，所以劉劭將他放在首位，順道一提，這亦反映了他立根在儒家的意識型態。

「法家」為典章制度的制訂者，此類人才之所以重要，不單是因為他們是技術型人物，更重要的是制度（不管是國家、企業、或組織的）乃主導甚至是支配眾人行為的力量，而眾人的行為最終又反過來決定了國家、企業、組織的生長枯榮。史學巨擘黃仁宇在《中國大歷史》中，花了不少篇幅分析唐代的「府兵制」，如何在初唐令它成為當日全球最強的軍事力量，又及後「府兵制」的有名無實令它出現結構性的弊病，致最終「病入膏肓」。宋代的募兵制如是，明代的軍戶制度亦復如是，篇幅關係，於此不贅，但相信已足以在歷史上印證劉劭的洞見。

另一方面，政策的制訂要能長遠地行之有效，勢必需要前瞻力強且具策略性眼光的人才，而這就是「術家」所長。所謂「策略」，用現代語言來講，其實是一種動態博弈（dynamic game），其中所牽涉到的是在長期、中期、短期，對資源的掌握、部署，對成本、成果的預期等等。亦關係到如何精確調動、調適資源，以在與對手的競爭中獲取比較優勢（comparative advantage）。能為此道的人，關鍵在一「通」字，難怪劉劭盛讚此類人為「思通道化，策謀奇妙」。

上述三種核心型人才，固然能獨當一面，將他們以不同方式加以組合，則又有另一番風景。如上所述，劉劭的分析中，兼有三材的可分兩種，一者為周密完備型，有大國領導者氣象，稱為「國體」。另一者則氣勢薄弱很多，因此只宜擔當小邦小國，或地方政府小領導的角色，稱為「器能」。不過，無論哪一類型，兼有三材是萬中無一難能可貴的，因其德可移風易俗，其法足以規範人心，而其術則可使安邦定國。

此外，三種核心型人才亦有三類只具一型但略輸一籌的，明顯是前者的衍生。清節家之流稱為「臧否」，此類人自身德行高尚，能正己，但亦好正人，常站在道德高地責難別人，此為欠缺同理心之病。

法家之流之所以稱為「伎倆」，原因在於他們是技術型人才。技術型人才的通病往往是未能高瞻遠矚，只在自成一角的小天地中把工作做好。

術家之流，雖有原本術家的智慧，所以得稱為「智意」，亦即具「通達」之才，表現出來，有精於權變的能力，但可惜的是其智慧不足，未能從大局着眼，有謀略而非遠慮，是故非為真身，實屬影子之流。

以上八型人才，劉劭推許為能為國家「輕事」，亦即可替國君分憂，減輕負擔，因此無疑是「治」國棟樑。不過，一個國家單有領導人，而無人從事具體的操作事務，就好比一隊軍隊空有將領而無士兵，肯定一仗難贏。因此，劉劭亦討論了最後四類專才。四類中首三類為文職人才，第四類是武將，就好比一家企業，在文書工作人員以外，亦需前線推廣人員，以為公司「衝鋒陷陣」。

若以現代語言解釋，此四類人才分別是長於文字工作的「文章」型，優於整理機構故事以承傳公司文化傳統的「儒學」型，能言善道、傳達公司指令政策的「口辯」型，以及膽識卓絕、能為公司盈利「攻城略地」的「驍雄」型。

主德者，聰明平淡，總達眾材[1]，而不以事自任者也。是故主道立，則十二材各得其任也。清節之德，師氏之任也[2]。法家之材，司寇之任也[3]。術家之材，

三孤之任也[4]。三材純備，三公之任也[5]。三材而微，冢宰之任也[6]。臧否之材，師氏之佐也[7]。智意之材，冢宰之佐也。伎倆之材，司空之任也[8]。儒學之材，安民之任也。文章之材，國史之任也[9]。辯給之材，行人之任也[10]。驍雄之材，將帥之任也。是謂主道得而臣道序，官不易方[11]，而太平用成[12]。若道不平淡與一材同用好[13]，則一材處權[14]，而眾材失任矣。

注釋

1 總達：統領提拔。

2 師氏：官名。西周時設置，官位尊顯，負責教育貴族子弟。《周禮・地官・司徒》說：「師氏，中大夫。」鄭玄注：「師，教人以道者之稱也。」孔穎達疏：「以其教國子有道藝，故使中大夫尊官為之也。」

3 司寇：官名。夏朝始置，商、周、春秋戰國沿置。國君重要輔佐大臣之一。春秋魯、宋等國設大司寇、少司寇，鄭國有野司寇，戰國時有的稱邦司寇。主管刑獄緝盜，督造兵器。

4 三孤：官名。即三少。《尚書・周官》記載：「少師、少傅、少保曰三孤。」輔助太師、太傅、太保輔弼君王，地位比公低比卿高。

5 三公：官名。周朝為最高輔政大臣的合稱，或指太師、太傅、太保，或指司徒、司馬、司空。西漢成帝元和年間，以丞相、大司馬、御史大夫同為宰相，合稱「三公」。東漢改名為太尉、司徒、司空，亦稱「三司」。位高祿厚，權力極大。

6 冢宰：相傳為殷、周輔政大臣，位居百官之首。《尚書·伊訓》說：「百官總己以聽冢宰。」《禮記·檀弓下》說：「古者天子崩，王世子聽於冢宰三年。」春秋戰國時泛指執掌國政的大臣。

7 佐：指次一等，處於陪同地位者。《史記·孝武本紀》：「天神貴者泰一，泰一佐曰五帝。」

8 司空：官名。相傳為殷商輔政大臣之一。西周時為「三公」之一。西漢成帝時改御史大夫為大司空，東漢光武帝初改為司空，均為「三公」之一。以後各朝多有變化。

9 國史：負責撰寫國史的官員。

10 行人：官名。《周禮·秋官》屬官有大行人、小行人，掌迎送接待賓客。春秋戰國各國多設行人，掌朝覲聘問。秦、西漢初有行人令，為大行令屬官，負責接待少數民族賓客。兩漢以後常設，擔任出使聘問之事。

11 官不易方：官不改變為官之道。方，道理，常規。《周易·恆》：「君子以立不易方。」

12 太平用成：太平盛世因此建成。用，因此。

13 與一材同用好：劉昺在解釋這句話時說：「譬大匠善規，惟規之用。」意思是偏好某種才能。

14 處權：當權。

譯文

主德，就是聰明平淡，統領提拔眾多人才，而不是親自擔當起處理日常事務的工作。所以主德之道確立，那麼上述十二種人才就能各自按照才能得到任用。具備清節家品德的人，被放到官位尊顯的師氏位置上。具備法家才能的人，被放到主管刑獄的司寇的位置上。具備謀劃才能的人，被放到三孤的位置上。德、法、術三才具備的人，被放到三公的位置上。三才具備但比前者稍差的，被放到塚宰的位置上。褒貶人物評論是非的人，其地位比師氏要低一等。善權變智謀的人，其地位比塚宰要低一等。能在具體官位上勝任的人，被放在司空的位置上。具有傳播聖人之業才能的人，被放到安撫百姓的位置上。具有撰寫文章才能的人，被放到國史的位置上。具有論辯才能的人，被放到行人的位置上。驍勇雄悍的人，被放到將帥的位置上。這就叫做主德之道確立為臣之道井然有序，當官的不改變為官之道，太平盛世因此就建立了。如果主德之道不是平靜中庸而是偏好某種才能，那麼就會使具有某種才能的人得勢，而其他眾多的人才就不會被任用了。

賞析與點評

最後一節為全章主旨所在，就是為不同「偏才」量體裁衣，決定哪種專才最適合提拔至哪個崗位，使大家各就其位，共同成就大業。要能如此，則有兩點需加注意：

一、最高領導，沒有具體司事，因為他的角色是當統領，「統」者，統整也，亦即將不同專才整合到一個互相配合互相補足的統一體中；「領」者，領導所有人才將之導向至適合並且只適合他們的崗位中。要能如此，最高領導必定是個「平淡」的人，這是劉劭不厭其煩反覆重申的觀點。

二、劉劭對人才與崗位的配對中，是用了專才對專位的原則，此原則雖是常識，但在職場上才位錯配的現象真是屢見不鮮，原因不外三個：（1）最高領導欠缺觀人能力與胸襟。（2）最高領導本身並非「平淡」之人，於是由觀人到用人，往往有極強的傾向性，由傾向而將職位資源朝某一方面傾斜，結果常常出現「彼得定律」，亦即把有特殊表現的人，不斷擢升，直至到不能勝任的地步，結果適得其反，資產變成負資產。（3）就是既有（1）又有（2）。令人扼腕興歎的是，這是最普遍的現象！

材理第四

本篇導讀——

本章探討的是人在討論、議論的時候，所表現出來的才情水平。由於水平之別能反映個體差異，所以，亦可說是藉一個人在討論、議論時的表現、心態、偏失等等，來衡斷他（或她）能力素質。本章中心，在「通於天下之理，則能通人矣」一句，正面點出對「理」之通與對「人」之通其實是一而二、二而一之事，本章前後各段皆服役於斯。因此，本章究其實，還是在點出如何知人的道理。

知人在通天下之理的這個「理」有四個領域，文中稱為「四理」，對應於四種能將此四理昭示於人的才情，稱為「四明」。對「四理」能兼而通之者，要同時擁有八種材能，稱為「八能」。未能通之者，則屬全書所關注的偏才，他們於探究事理時，即使能順內在之性，仍有九種偏頗的型態，稱為「九偏」；若不順性，則有七種似是而非的表現，亦即虛有其表，無能充作有能，劉劭稱之為「七似」。再進而言之，爭拗時，無才之人，容易犯兩類毛病：一者為三種論辯的過失，稱為「三失」；另一者則為易於構成無謂衝突的六種風格，稱為「六構」。文章中，劉劭先分析「四理」、「四明」，繼而由「九偏」、「七似」，說到「三失」、「六構」，最終歸結至擁有「八能」的理想狀態，行文如行雲流水，暢快至極，責人如大雨淋漓，又痛快萬分，總之洋洋灑灑磅礴氣勢明快節奏感性理性兼而有之，一口氣讀畢，神清目爽至極。

本章首段是全文序言，為全文規劃全章的寫作策略，再一次展現其現代學術論文格局的特色。劉劭於此指出客觀事實有四個不同表現的領域，稱作「四理」，分別是：形上哲學層面之理（道之理）、社會典章制度之理（事之理）、人倫道德規範之理（義之理）和人情心理之理（情之理）。此四者，分開來說，在現實世界具體表現為四理，但總合而言，亦可理解為統一真理的四個面相。真正具智慧的人才必是一個通才，在此四領域中都每每能恰如其分，把握其要，發而中節。這是因為，通才同時具備八種才能，即「聰能聽序」、「思能造端」、「明能見機」、「辭能辯意」、「捷能攝失」、「守能待攻」、「攻能奪守」及「奪能易予」。

但正如我前面多次指出，《人物志》真正關心，因而要集中討論的，其實不是通才，而是偏才，本章也不例外。偏才又分兩種：性情純正暢達的，與性情不能純正暢達的。前者再細分為九種人，各有專屬的偏失，可列表如下：

九種性情純正暢達的人	專屬偏失
剛略之人	不能理微，即做事易流於疏忽遺漏
抗厲之人	不能回撓，即做事不懂靈活變通
堅勁之人	好攻其事實，即做事認真，但卻沉溺於小節而對宏大道理分析力顯得單薄
辯給之人	辭煩而意銳，即辯駁能力雖強，但言及大義時，往往不着邊際
浮沉之人	不能沉思，即每至要深入分析事件時，就拿不定主意
淺解之人	不能深難，即每至要深入判斷是非時，立論欠根據
寬恕之人	不能速捷，即雖宅心仁厚，但討論時卻拖拖拉拉，抓不住重心
溫柔之人	力不休強，即解難能力低下，批判誰對誰錯時卻易流於畏首畏尾
好奇之人	橫逸而求異，即做事往往標新立異而不切實際

（表一：九種性情純正暢達的人的偏失）

此外，性情不能純正暢達的人，又有七種似強實弱、似是而非的毛病：

七種性情不能純正暢達的人	專屬似強實弱的表現
漫談陳說型	似有高論，實為低論
理少多端型	似有道理，實為無理
回說合意型	似合人意，實為附和
處後持長型	似能仲裁得失，實則鸚鵡學舌
避難不應型	似不輕易發言，故作高深，實則內裏空空如也
慕通口解型	似欣賞稱讚別人立論，實則心中不悅，口不對心
因勝情失型	似辭強理勝，實則好勝心發作而已

（表二：七種性情不純正暢達的人似是而非的偏失）

總之，在劉劭筆下，職場上各式人等，毛病紛陳，蔚為奇觀，平時或難以察覺到，但在討論問題時，其偏頗的毛病立即暴露人前。歸根到底，四理不通之故矣！

夫建事立義，莫不須理而定[1]。及其論難，鮮能定之[2]。夫何故哉？蓋理多品而人才異也[3]。夫理多品，則難通。人材異，則情詭[4]。情詭難通，則理失而事違也。

注釋

1 理：道理，事理。《周易・坤》：「君子黃中通理。」孔穎達疏：「黃中通理者，以黃居中，兼四方之色，奉承臣職，是通曉物理也。」

2 鮮：少。

3 品：種類。

4 詭：差異，不同。《淮南子・說林訓》：「水雖平，必有波；衡雖正，必有差；尺寸雖齊，必有詭。」高誘注：「詭，不同也。」

譯文

辦成一件事情確立一種觀點，全都需要道理的支持才能確定。然而在討論辨明道理的時候，卻很少能有定論。這是甚麼原因呢？這是因為道理的種類很多而且人才也各有不同的緣故。道理的種類很多，就很難講通。人才各有不同，則性情就有差別。性情有差別道理難講通，就會發生道理有失，事與願違的現象。

賞析與點評

本章首句「建事立義，莫不須理而定」中的「理」字，可有不同解讀層次。最基本的，可以解讀為「論據」或「理由」，亦即英文中指討論問題或作邏輯推論時的『argument』或『rationale』。但劉劭於文章甫始，即強調這個在古代文獻中相對少見的觀點，就容許我們對他的話作更高層次的解讀。少見是因為古人的學術思想背景具有濃厚的「價值理性」傾向，而劉劭此語其背後卻是一種「工具理性」的思考模式。所謂「價值理性」是指行為或行動的背後往往有一價值理想或意識形態在支撐、在鼓動着，而效率及成本等問題並不在其首要考慮之列。相反，「工具理性」的特徵，是以最具效率與效果的手段，及最低的成本，達致具功利實效的目的，並將成效最大化的一種理性運作模式。劉劭在這裏，清楚指明一事之成效，與周詳的計劃、全盤的考慮之間的緊密關係，是近「工具理性」而遠「價值理性」。劉劭這種處事態度即使不是罕見，至少也是少見的，其思維超於其時代，在這裏可見一斑。（我說「思維超於其時代」，並不意味着在工具理性與價值理性之間寓有褒貶，事實上，前者屢遭批評，歐陸大哲海德格及法蘭克福學派狙擊之而不遺餘力，此已是學術界常識。但工具理性之於一事之成，確又是不可或缺，現代世界之建立，工具理性功不可沒。劉劭隱然有此觀點，在古代強調價值理性的環境中，無疑是值得注意的。）

要把事務辦妥，周全的計劃固然不能沒有，但提出周全計劃的始終是人，這就提供了一個角度，讓觀人者得以對那些提出論證、計劃、理據，甚至互相詰難的人，作出高下的評鑒。

夫理有四部[1]，明有四家[2]，情有九偏[3]，流有七似[4]，說有三失[5]，難有六構[6]，通有八能。

注釋

1 理有四部：即下面所說道理、義理、事理、情理。

2 明有四家：即四種道理的外在表現。明，公開，明顯。此指外在表現。

3 偏：片面，偏失。

4 流有七似：劉昺在解釋這句話時說：「似是而非，其流有七。」似，即似是而非。

5 說有三失：劉昺在解釋這句話時說：「詞勝理滯，所失者三。」說，即指能言善辯但於理不通。

6 構：構成。

譯文

道理有四種，因而產生外在的表現有四種，人的性情偏頗有九種，似是而非的現象有七種，在論說中造成的失誤有三種，在非難中所構成的情緒有六種，兼通天下之理需要有八種能力。

賞析與點評

此節上承首句所提的「理」，提出「理」有四種，對四理掌握的厚薄堅實與否，可藉以判斷人才的高下。除四理外，劉劭亦提出了從多個角度審視人才，這裏所提的四家之理、九偏之情、七似之流、三失之說與六構之難，把一個人才的各種面相，有效呈現在讀者眼前，分析精到固不待言，讀者一口氣讀下去，真有大珠小珠落玉盤之感。另外，最後提出的「八能」，與由四家之理到六構之難，在本質上有別，前者一組指的是觀人角度，後者則關於能使偏才上升至通人的理想階梯的八種能力。

若夫天地氣化[1]，盈虛損益，道之理也[2]。法制正事[3]，事之理也。禮教宜適[4]，義之理也[5]。人情樞機[6]，情之理也。

注釋

1 氣化：中國古代哲學術語。指陰陽之氣化生萬物。宋張載《正蒙・太和》：「由太虛，有天之名；由氣化，有道之名。」意謂「道」是物質變化的過程。

2 道：世間萬物發展變化的規律。

3 正事：政事。正，通「政」。

4 禮教宜適：劉昺在解釋這句話時說：「以理教之，進止得宜。」意思是用萬物發展變化的道理教育人們，使他們的行動適合時宜。

5 義：符合社會道德的思想和行為。

6 樞機：《周易・繫辭上》：「言行，君子之樞機。」後因以「樞機」喻言語。劉昺在解釋這句話時說：「觀物之情，在於言語。」

譯文

至於天地陰陽之氣所化成的萬物，有消長盈虧的變化，這是世間萬物發展變化規律的道理。以法律制度治理政事，這是關於人事的道理。用萬物發展變化的道理教育人們使他們的行動適合時宜，這是關於義的道理。通過觀察人的語言了解性情，這是關於性情的道理。

賞析與點評

由本節始，劉劭逐一解釋與發揮他在首段所提的觀人角度，這裏談的是「四理」。請注意，《人物志》全書都從不同角度剖析人才，但本章獨特之處，在只把焦點放在議論場合中各色人才的表現。

我在上面全章導讀已提到，所謂「四理」，指的是形上哲學層面之理（道之理）、社會典章制度之理（事之理）、人倫道德規範之理（義之理）和人情心理之理（情之理），以簡表表列如下：

四理	原文的解釋	現代解釋
道之理	天地氣化，盈虛損益	形上哲學層面之理
事之理	法制正事	社會典章制度之理
義之理	禮教宜適	人倫道德規範之理
情之理	人情樞機	人情心理之理

四理的排序，明顯不是任意的，除「道之理」屬天地之理外，餘三者皆是人間之理。先天後人，理所當然，亦印證了古代學術界認為人界發軔於天地的信念。其餘三理，先社會，中經社群，再到個人，由大群體到小群體再到個體，其序列有節有理，其主導理念清楚不過，暗合《易經．文言》所說的「天地之德」。所謂「天地之德」，本說「大人」（即有德之人）能「與天地合其德，與日月合其明，與四時合其序，與鬼神合其吉凶」，但稍加引申，「天地之德」可指那股使宇宙萬物安然有序地存在的力量。劉劭排此第一，用意在於認定最高真理，亦即使萬物之所以可能、並所以能持續存在的至理，是任一切道理的終極泉源，與及托庇保守者。既如此，能懂此理，則通其他三理；不懂此理，何能知餘理？

四理不同，其於才也，須明而章[1]，明待質而行[2]。是故質於理合，合而有明，明足見理[3]，理足成家。是故質性平淡，思心玄微[4]，能通自然，道理之家也。質性警徹[5]，權略機捷[6]，能理煩速[7]，事理之家也。質性和平，能論禮教，辯其得失，義禮之家也。質性機解[8]，推情原意[9]，能適其變，情理之家也。

注釋

1 須明而章：依靠外部表現而彰顯。章，彰顯。

2 質：指人的先天資質。

3 見：同「現」。

4 玄微：玄遠，微妙。

5 警徹：敏鋭透徹。

6 機捷：機智敏捷。

7 煩速：繁雜急迫的事務。

8 機解：機敏聰穎有悟性。

9 推情原意：推想性情追溯本意。原，同「源」。

譯文

四種道理各不相同，對於人才來説，四理必須依靠其外部表現才能彰顯，而外部表現是依賴於內部資質的。所以人才的資質與道理相吻合，吻合了就會有其外部表現，外部表現充分了道理也就體現出來了，道理充分了就形成了一家之理。所以資質平和恬淡，思考玄遠微妙的事物，與自然相通，就是道理之家的表現。資質敏銳觀察透徹，靈活有謀機智敏捷，能處理繁雜急迫的事務，就是事理之家的表現。資質性情溫和平緩，能論說道理教化，論說其中的得失，就是義理之家的表現。資質性情機敏聰穎有悟性，推想性情追溯本意，適應情意的變化，就是情理之家的表現。

賞析與點評

此節進一步解釋「四理」，重點在指出能懂某一理的人應有甚麼外在表現，即文中所說的那個「明」字。其理論預設，與前面〈九徵〉以外在表現為內在才質的表徵的觀點，是前後一致的。具體而言，掌握「道之理」的人，思慮已達超越經驗的玄微境界。擁有「事之理」的人，舉凡法律政治社會制度之種種事務，都一一在其駕馭之下。

四家之明既異，而有九偏之情。以性犯明[1]，各有得失。剛略之人，不能理微，故其論大體，則弘博而高遠；歷纖理[2]，則宕往而疏越[3]。抗厲之人，不能回撓[4]，論法直[5]，則括處而公正[6]；說變通，則否戾而不入[7]。堅勁之人，

好攻其事實，指機理[8]，則穎灼而徹盡[9]；涉大道，則徑露而單持[10]。辯給之人，辭煩而意銳，推人事，則精識而窮理[11]；即大義，則恢愕而不周[12]。浮沉之人[13]，不能沉思，序疏數[14]，則豁達而傲博[15]；立事要，則爁炎而不定[16]。淺解之人[17]，不能深難，聽辯說，則擬鍔而愉悅[18]；審精理，則掉轉而無根[19]。寬恕之人，不能速捷，論仁義，則弘詳而長雅[20]；趨時務，則遲緩而不及。溫柔之人，力不休強[21]，味道理，則順適而和暢；擬疑難[22]，則濡懦而不盡。好奇之人，橫逸而求異[23]，造權譎，則倜儻而瑰壯[24]；案清道，則詭常而恢迂[25]。此所謂性有九偏，各從其心之所可以為理[26]。

注釋

1 犯：進攻，傷害。劉昺在解釋「以性犯明，各有得失」時說：「明出於真，情動於性，情勝則明蔽，故雖得而必喪也。」

2 歷：審視，察看。班彪《王命論》：「歷古今之得失，驗行事之成敗。」

3 宕往：豪縱不羈。疏越：疏忽遺漏。

4 回撓：屈服。

5 論法直：論說法律所適用的地方。直，同「置」，放置，安置。此處的意思是「把法律放置在……地方」，意即「法律所適用的地方」。

6 括處：即執法審察刑獄。括，法。揚雄《法言・修身》：「其為中也弘深，其為外也肅括，則可以提身矣。」李軌注：「括，法也。」處，審察。

7 否戾：即乖戾、悖謬，不合情理。

8 機理：事物變化的道理。

9 穎：尖銳。灼：鮮明。

10 徑露：直截了當。單持：所持義理單薄。劉昺在解釋這句話時說：「言切則義少。」

11 窮：盡。

12 恢愕：恢廓直率。不周：不齊全，不周到。

13 浮沉之人：性情浮躁不沉穩的人。浮沉，偏指浮躁不沉穩。

14 疏數：疏密，遠近，親疏。

15 傲博：此指範圍廣大。傲，同「敖」，遊走。

16 爁炎：火焰飄動的樣子。

17 淺解之人：理解問題膚淺的人。

18 擬鍔：類似鋒利的劍刃。鍔，刀劍的刃。《莊子・說劍》：「天子之劍，以燕溪石城為鋒，齊岱為鍔，晉魏為脊，周宋為鐔，韓魏為夾。」把別人的辯說看作像劍刃一樣犀利。

19 掉轉而無根：顛三倒四沒有根據。

20 弘詳：寬宏和順。詳，通「祥」，和順。《左傳・成公十六年》：「德、刑、詳、義、禮、信，戰之器也。」楊伯峻注：「祥、詳兩字本可通假。祥即事鬼神之應有態度，順也，善也。」

21 休強：盛美強壯。

22 擬疑難：決斷處理疑難問題。擬，指向。

23 橫逸：縱橫奔放。

24 倜儻：卓異，不同尋常。瑰壯：瑰麗雄壯。

25 恢迂：迂闊，不切實際。

26 各從其心之所可以為理：劉昺在解釋這句話時說：「心之所可以為理」，即把自己心中認為是對的東西作為普遍適用的道理。

譯文

四家的外部表現已經不相同，由此又產生了九種性情的偏頗。因性情侵擾而使外部表現受到損害，就使四家各有失有得。性情剛烈粗獷的人，不能處理細微的事，所以他在論說事物概貌時，會顯得博大而高遠；而在審察細微的道理時，則會豪縱不羈疏忽遺漏。性情高尚嚴正的人，不能屈服折節，論說法律所適用的地方時，會執法審察刑獄公正不偏；而在談論靈活變通方面，則會出現悖謬不合情理。性情堅定強勁的人，喜好鑽研具體事務的真實情況，在談論具體事物變化的道理時，敏銳鮮明而明白透徹；而在談論宏觀道理時，則直截了當所持義理單薄。能言善辯之人，語詞豐富而情意急切，推斷人事時，會見識精深道理深透；而在碰到大的道理時，則恢廓直率而不周到。性情浮躁不沉穩的人，不能深入思考，排列疏密遠近親疏順序時，會豁達範圍廣大；而確立事物的關鍵時，則會像火焰一樣飄忽不定。理解問題膚淺的人，不能深刻地問難，聽到別人的辯說時，會認為得到像劍刃一樣犀利語言而心懷喜悅；而在審察精深的道理時，就會顛三倒四沒有根據。性情寬厚能體察別人心理的人，不能迅速敏捷地反應，談論仁義時，會寬宏和順高尚文雅；追趕時務潮流時，則會遲緩而落後。性情溫柔的人，力量不強壯，體味道理時，會順應適合平和順暢；決斷處理疑難問題時，則會軟弱遲疑猶豫不決。好標新立異的人，縱橫奔放追求新奇，製造權謀實行詭詐時，會不同尋常瑰麗雄壯；按照清靜無為之道做事時，則會違反常規不切實際。這就是人們所說的性情的九種偏頗，他們分別把自己心中認為是對的東西作為普遍適用的道理。

賞析與點評

此節分析人才在討論問題時所表現的九種偏失，彼等之所以會有偏失，劉劭的解釋分見此節的一頭一尾：即「以性犯明」及「各從其心之所可以為理」。前者中的「明」，扣緊上文，指的是「四理」的外在表現。偏才的人，以其偏才之「性」犯之，亦即指他們常以己心量度別人，因而引致判斷別人的失誤，也就是「各從其心之所可以為理」的意思。此觀點甚有洞見，高人至人之所以會達至「通」的境界，正在於他能從小小的自我中抽離出來（psychologically detached），以客觀的姿態，實事求是的照亮出別人的長短優劣。與此相反，偏才之所以為「偏」，就是因為他們常以一己的角度，投射到外在世界中，以己意為人意，以己心為他心，所作的判斷往往因而出錯。當然，劉劭是不會甘於只是籠統指出此點，所以他在此節展現出他由細微的觀察所得出的細緻分類，詳細的得失，可參上面本篇導讀的列表。

若乃性不精暢[1]，則流有七似。有漫談陳說[2]，似若流行者[3]。有理少多端，似若博意者[4]。有回說合意[5]，似若讚解者[6]。有處後持長[7]，從眾所安，似能聽斷者。有避難不應，似若有餘而實不知者。有慕通口解[8]，似悅而不懌者[9]。

有因勝情失[10]，窮而稱妙，跌則掎蹠[11]，實求兩解，似理不可屈者。凡此七似，衆人之所惑也。

注釋

1 精暢：純正暢達。

2 陳說：舊理論。

3 流行：指正在盛行的學說。

4 博意：含義宏大廣博。

5 回說合意：附和別人的意思進行答覆。

6 似若讚解：表面上稱讚別人說得好，心裏對別人所說並不理解。劉昺在解釋這句話時說：「外佯稱善，內實不知。」

7 處後持長：在別人談論後發表意見，持贊許態度。長，正確，引申為贊許。

8 慕通口解：仿效那些精通道理的人馬上說出。慕，仿效。

9 似悅而不懌者：好像因明白而高興實際上並沒明白。劉昺在解釋這句話時說：「有似於解者，心中慢慢不能悟。」

10 因：往，趨赴。《國語・鄭語》：「公曰：『謝西之九州，何如？』對曰：『其民沓貪而忍，不可因也。』」韋昭注：「因，就也。」

11 跌則掎跖：劉昺在解釋這句話時說：「理已跌矣，而強牽據。」掎跖，勉強堅持以為依據。

譯文

至於那些性情不純正暢達的人，則有七種似是而非的表現。有的人大談陳舊的學說，好像他的學說時下正在盛行。有的人道理並不充分卻涉及廣泛，好像其學說含義宏大廣博。有的人符合別人的意思進行答覆，表面上稱讚別人說得好，心裏對別人所說並不理解。有的人在別人談論後發表意見，持贊許態度，順從眾人認為可靠的觀點，好像能判斷誰是誰非。有的人實際上並不明白別人所說，但假裝加以輕視不予回應，好像已經知道，但實際上並非如此。有的人仿效那些精通事理的人馬上加以回應，好像因有所悟而顯出高興的樣子，實際上並不高興。有的人因追求在論辯中取勝而失去常情，已經詞窮還自以為妙而難以盡意，理已屈還勉強堅持以為依據，理屈詞窮心裏想和對方停止辯論，而嘴上卻滔滔不絕地說，讓旁聽的人認為他並沒有被說服。以上七種似是而非的表現，往往讓眾人迷惑，分辨不清。

賞析與點評

九種偏頗的表現，雖非上品，但至少其強項在所屬的領域裏，有一得之見。但世上就是有些人，其行止似模似樣，有故作高深的，有似議論精妙的，有近於判斷力強的，也有類乎巧辯滔滔的，不一而足。但共同地方皆是似是而實非。這種人，職場上屢見不鮮，社交場合中亦多如毛髮，各式各樣，蔚為奇觀，實在不能不辨。劉劭分成七類，稱作「七似」，詳細分類，可參上面本篇導讀的列表。

夫辯有理勝，有辭勝。理勝者，正白黑以廣論[1]，釋微妙而通之。辭勝者，破正理以求異，求異則正失矣。夫九偏之材，有同、有反、有雜。同則相解，反則相非，雜則相恢[2]。故善接論者，度所長而論之[3]。歷之不動，則不說也。傍無聽達，則不難也。不善接論者，說之以雜反[4]。說之以雜反，則不入矣。善喻者，以一言明數事。不善喻者，百言不明一意。百言不明一意，則不聽也。是說之三失也。

注釋

1 **正**：辨別，區分。

2 **恢**：宏大寬廣。此引申為相容。

3 **度**：推測。

4 **雜反**：論點混雜相反。

譯文

辯論有以道理取勝，有以言辭取勝。以道理取勝的，辨別黑白是非以使自己的理論得到推廣，解釋微妙的道理使別人通曉明白。以言辭取勝的，打破正理求得異說，追求異說則就失去了正理。九種性情偏頗的人才，其性情有同、反、雜三種。性情同的則會與別人的觀點融為一體，性情反的就會與別人的觀點互相非難，性情雜的則能容納別人的觀點。所以善於和別人交談的，會忖度對方的長處而與之談論。自己的意見不能說動對方，就暫時不說。旁邊沒有通達的人聽，就不提出非難了。不善於和別人交談的，用混雜相反的論點和別人論說，用混雜相反的論點與別人論說，就會與對方的想法格格不入。善於開導別人的，能用很少的語言說明很多的事情。不善於開導別人的，說很多話也說不明白一個意思。說很多話也說不明白一個意思，別人就不會聽了。這是論說方面的三個失誤。

賞析與點評

此節中，劉劭對討論中的態度，其分析有破有立。

不論九偏與七似，都是誤失，當中都反映了問題之所以發生的一些共性。所以接下來，劉劭分析了三種源於性情的誤失，分別是「同」、「反」及「雜」。亦即一見性情相同的人，就總以為其觀點正確；一見性情相異的，就互相詰難。前者是「黨同」，後者是「伐異」，兩者都同為偏失。最後一種是既有同亦有異的混合型，既為混合，於是流於隨便地接納別人意見，缺乏應有的批判態度。

以上是破，但破是為立而出，因此，此節其餘部分，劉劭提出了討論時，對不同立場的人應有的態度。概括而言，一個良好的溝通者，要至少具備幾種能力或態度：一，辯論時要以道理而不是純以語言技巧服人；二，解說問題或說服別人時，要真切了解別人的長處、能力、性格傾向等等；三，要言簡意賅。

善難者，務釋事本[1]。不善難者，捨本而理末。捨本而理末，則辭構矣[2]。善攻強者，下其盛銳[3]，扶其本指[4]，以漸攻之[5]。不善攻強者，引其誤辭，以挫其銳意。挫其銳意，則氣構矣[6]。善躡失者[7]，指其所跌。不善躡失者，因屈而抵其性[8]。因屈而抵其性，則怨構矣[9]。或常所思求，久乃得之。倉卒諭人，人不速知，則以為難諭。以為難諭，則忿構矣[10]。夫盛難之時[11]，其誤難迫[12]。故善難者，征之使還。不善難者，凌而激之[13]，雖欲顧藉，其勢無由。其勢無由，則妄構矣[14]。凡人心有所思，則耳且不能聽。是故並思俱說，競相制止，欲人之聽己，人亦以其方思之故，不了己意，則以為不解。人情莫不諱不解，諱不解，則怒構矣[15]。凡此六構，變之所由興也[16]。

注釋

1 務釋事本：致力於抓住根本而捨去末節。劉昺在解釋這句話時說：「每得理而止住。」事，治理。《淮南子・原道訓》：「萬物固以自然，聖人又何事焉？」高誘注：「事，治也。」

2 辭構：構成了言詞繁冗，廢話連篇。

3 下其盛銳：使其盛銳之氣減低。

4 扶其本指：順着他本來的意旨。指，通「旨」。

5 漸：逐步。

6 氣：生氣。此指通過說話和臉色表現出來的生氣情緒。

7 躡：同「攝」，提起，拿住。

8 因屈而抵其性：趁他理屈的時候進一步擠壓使他受挫。

9 怨：怨恨，比生氣更強烈的情緒。劉昺在解釋這句話時說：「非徒聲色而已，怨恨逆結於心。」

10 忿：忿怒，比怨恨更激烈的情緒。劉昺在解釋這句話時說：「非徒怨恨，遂生忿爭。」

11 盛難之時：氣盛而出現語言錯誤的時候。劉昺在解釋這句話時說：「氣盛詞誤。」

12 其誤難迫：其錯誤應該迴避，不要進一步逼迫。迫，逼近，逼迫。

13 凌而激之：侵犯欺侮他使他的反應更激烈。

14 妄：胡亂，隨便。此指隨意亂說，恣意詆譭。劉昺在解釋這句話時說：「妄言非訾，縱橫恣口。」

15 怒：比忿更強烈的情緒。劉昺在解釋這句話時說：「不顧道理是非，於其兇怒忿肆。」

16 興：發生。

譯文

善於辯駁的人，致力於抓住根本而捨去末節。不善於辯駁的人，則捨去根本而去注意末節。捨去根本而去注意末節，則就構成了言詞繁冗，廢話連篇的情形。善於戰勝強大對手的人，先使對手的盛銳之氣減低，然後順着他本來的意旨，逐步地批駁他。不善於進攻強大對手的人，往往找出對手語言上的失誤，以此來挫敗他的銳氣。用這樣的方法挫敗對手的銳氣，就會使他說話和表情都顯出生氣的情緒。善於利用對手過失的人，當對手出現失誤時，對着他的失誤不去進逼。不善於利用對手過失的人，趁他理屈的時候進一步擠壓使他受挫。趁他理屈的時候擠壓他，則會使他在心裏結成怨恨的情緒。有的人自己常常思考尋求道理，經過很長的時間才有所發現。然而他卻讓別人馬上接受這個道理，別人不能馬上接受，就以為別人難以理喻。把別人看作是難以理喻的人，別人就會因憤怒而與之爭辯。當別人氣盛而出現語言錯誤的時候，對其錯誤應該迴避，不要進一步逼迫。所以善於對待別人語言錯誤的人，指出他的錯誤卻讓他有挽回的餘地。不善於對待別人語言錯誤的人，會藉此侵犯欺侮他，使他做出更激烈的反應，對手即使顧念愛惜自己的面子，但卻無法挽回。無法挽回，就會使他隨意亂說，恣意詆譭。大凡人在思考問題的時候，往往不能同時聽到別人在說甚麼。所以在別人思考的同時去和他談話，制止別人的談話，只想讓人家聽自己的，別人因為正在思考的緣故，沒有聽進去，就以為人家不了解自己的意圖。忌諱別人說不了解是人之常情，因為忌諱別人說自己不了解，便造成了無比憤怒的情緒。由於上邊所說的六種情況，談話中的糾紛便由此產生了。

賞析與點評

此節討論語言紛爭之所以產生與討論者的心態與能力之間的關係。在本節中，劉劭用了「構」字來解釋這些「產生」，其成因總共有六種，故劉劭稱為「六構」。「構」有「構成」的意思，文中使用起來時，略有引申變化，但大抵都是引致、導致、產生、構成的意思，故此 Shryock 也將之譯為 causes。劉劭在分析六構時，先用對比法，再用直描法，亦即先將正確的心態或能力對比於偏失的心態或能力，然後再直接描述該種偏失的特點。

第一構稱為「辭構」，顧名思義，此構與語言能力有關。世人很多，以語言能力之高下而論，的確有高手庸手之別。高手言必及義，語皆中的，一針見血，井井有條，能用一句話說理，則不用兩句，能用一個字解析，則不用兩個字，處處從核心出發，一擊即中。但是總有些人，言不及義，捨本逐末，專務鑽牛角尖之能事，庸手是也。「辭構」說的就是這種人。

第二構稱為「氣構」，特指那種只會最終挑起對方怒氣的失誤。善於說服對手的人，會先避其鋒纓，然後慢慢細心解析，再於恰當處攻對方之失，這樣做，可使對方心平氣和，繼而接受己方的觀點。相反，世間亦總有些人，立意挑剔，由挑剔而挑釁，目的在使對方因情緒波動而出現破綻，以方便肆意攻擊。這樣做，只會造成「鬥氣」而不是鬥智。

第三構與「氣構」相似，最終所能成就的，只是結怨，而不是共識，因而稱為「怨構」。辯論界的真正高手，不單能以理勝人，更會樂於匡正別人的錯誤。但有些人，則心懷惡意，一味找出並抓緊別人的錯處，刻意詆譭，結果說理不成，仇人就多了一個。

第四構稱為「忿構」，注釋家劉昺在解釋這句話時，指出忿比怨在情緒上更深一層（「非徒怨恨」），因為依劉劭的解說，「忿構」已由抨擊錯處，上升為人身攻擊，觀此，何來不「忿」？

第五構稱為「妄構」，「妄」者「虛」也，「虛」者「空」也，在本節中的意思，是指對方空有投降的意圖，但因己方過分咄咄逼人而想投降也不成，以致只有構成不快的結果。所謂咄咄逼人，是指論辯庸手，只懂找錯處攻擊，而不能如高手般以和為貴，即使對方在辯論中越走越遠以致有失，仍會為對方設想，把對方重新引入正題。

第六構稱為「怒構」，是一種辯論時十分常見的毛病，指的就是在爭辯得面紅耳赤時，多數人總會對對方所言充耳不聞，彷彿失聰一般，不單如此，失聰之外又強令對方聆聽自己，甚至勒令對方住口，猶有甚者，指責別人理解能力低下（「諱不解」）結果不難想像，雙方最終發展成敵對關係，這就是比「忿」更嚴重的「怒」。

然雖有變構，猶有所得。若說而不難，各陳所見，則莫知所用矣[1]。由此論之，談而定理者，眇矣[2]。必也聰能聽序[3]，思能造端[4]，明能見機[5]，辭能辯意，捷能攝失，守能待攻，攻能奪守[6]，奪能易予[7]。兼此八者，然後乃能通於天下之理。通於天下之理，則能通人矣。不能兼有八美，適有一能[8]，則所達者偏，而所有異目矣[9]。

注釋

1 莫知所用：不知道哪種道理是有用的。

2 眇（粵：秒；普：miǎo）：盲目。

3 序：次序。此指聽出聲音大小的差別，排出此次序。

4 造端：開始，開端。《中庸》：「君子之道，造端乎夫婦；及其至也，察乎天地。」

孔穎達疏：「言君子行道，初始造立端緒，起於匹夫匹婦之所知所行者。」

5 **見機**：從事物細微的變化中預見其先兆。《周易・繫辭下》：「君子見幾而作，不俟終日。」機，通「幾」，指事物的跡象、先兆。《周易・繫辭下》：「幾者，動之微，吉之先見者也。」

6 **奪**：壓倒，勝過。

7 **易予**：（在辯論中）改變對方認可（的觀點）。予，認為，認可。劉昺在解釋這句話時說：「以子之矛，易子之盾，則物主詞窮。」

8 **適有一能**：只有一種才能。適，通「啻」，僅僅。《戰國策・秦策二》：「疑臣者不適三人，臣恐王之為臣投杼也。」高誘注：「適音翅。」鮑彪注：「適啻同。」

9 **異目**：各自以偏才建立自己的名聲。劉昺在解釋這句話時說：「各以所通，而立其名。」

譯文

然而在辯說中雖有各種情緒的變化構成，最終還是要以確定的真理來取得成功。如果只有述說而沒有辯論質疑，只是各自陳述自己的意見，就不知道哪種道理是可用的了。因此可以說，泛泛而談沒有辯論而確定的道理，是盲目的。必須做到聽力敏銳得能分辨聲音大小細微的差別，思慮深遠得能夠追溯到事物的開端，眼光敏銳得能夠察覺到事物變化的先兆，言辭巧妙得能夠表達心中的想法，處事敏捷得能夠彌補一時的失誤，防守堅強得能夠擋住強敵的進攻，進攻凌厲得能夠戰勝嚴密的防守，爭奪巧妙得能夠用對方的弱點制服對方。同時具備這八種能力，然後才能通曉天下的道理。通曉天下的道理，就能夠透徹地了解人了。不能夠同時具備八種才能，而只有一種才能，所獲得的成就是偏頗的，而且是各自以偏才建立自己名聲的。

賞析與點評

九偏、三失、六構等等的分析，是從「破」立論，亦即消極地痛陳討論者的諸種毛病。但劉劭全書，不單有消極的「破」，更有積極的「立」，故在此節中，劉劭提出「八能」的觀點，正面描述出通才在辯論或議論時所展示的氣度與能力，學者若能按圖索驥，孜孜以求，必有所成。

「八能」者，第一為「聰能聽序」，此一「序」字，本人尤其喜歡，原因無他，世事人情雖然紛雜，但背後其實總有一個結構，或許是個體意識的結構，或許是集體意識的結構，總之，若無此隱而不現的結構，則無一事無一物可以出現，所謂亂中有序是也。我此觀點，乍看似與劉說無關，但細審之，似又未必。以辯論而言，雖然常見各走極端，鑽牛角尖，但始終是環繞一事一議，才有辯論發生，至少辯論之初如是。所以，一個通才，或一個高手，他總能於混沌中見秩序，於雜然中得井然，把結構套在辯駁質疑詰難責備的叨叨嚷嚷中，最終獲致美好的結局。

第二為「思能造端」，「端」者「端緒」也，亦即有個開端。境界高的辯士，一甫始即能界定討論範圍，使論述不致差以毫釐而謬以千里。

第三為「明能見機」，「機」本意為織布機的機括，亦即樞紐，引申為關鍵點，Shyrock 譯為『pivot』很有分寸。擁有此能力的人，能於紛亂的議題中，一眼看穿關鍵所在，抓緊核心，營構論證，亦不使對方滑進思辨的歪路裏。

第四為「辭能辯意」，此「能」不難解，指的是辭能達意。可惜的是，辯論場合所見，多是辭不達意之輩。

第五為「捷能攝失」，即自我更正能力，此能力極為可貴，因為凡人辯論，辭窮理屈固然有之，但情緒波動，越拉越遠，因而錯誤連生，更為常見。能做到「攝失」，意味着此人擁有上段我提到過的「抽離」能力（detachment），能抽離，則彷彿由別人之眼看自己，因而更易察覺自己的失誤，而有助自我更正。

第六為「守能待攻」。要攻必先能守，就像拳理，不論西方的拳擊，泰國的泰拳，日人的空手國技，中國的功夫等等，無不先自守穩，才伺機攻擊。其道理原本甚是簡單，因為在每次的攻擊中，必須捨守才能騰出攻擊之手，因而令自己變得勢危。真正的高手，不論是技擊界還是在辯論場合，一是皆以此為戒，所以在詰難人時，一個辯士必會首先審視、反省自己有否相同的毛病，致令中門大開，授人以機，令自己立於必敗之地。此道理不難明，但此能力不簡單，否則世上庸手就不會那麼多。

第七為「攻能奪守」。要守亦要能攻，在辯論場合中，斷斷不能只守不攻，有謂久守必失，不無道理。所以要成為「通人」，要能守，亦要能攻。

第八亦即最後一種能力稱為「奪能易予」，若說前七者屬於「能力」的描述，刻下此種卻近於辯論倫理。其意是在以理由、以識力等折服對方之後，不單不應肆加侮辱，反而應向對方給予恰當的褒揚，一方面保存對方面子，另一方面亦顯示自己的氣度風範，以致不是以力服人之「霸道」，而是以德服人之「王道」。

劉劭沒有直接說明八種能力有否按部就班、循序漸進的況味，但從進軍「通才」境界的角度看，八種能力應是缺一不可，所以概念上，「通才」應蘊涵同時擁有此八種能力的狀態。

是故聰能聽序，謂之名物之材[1]。思能造端，謂之構架之材[2]。明能見機，謂之達識之材。辭能辯意，謂之贍給之材。捷能攝失，謂之權捷之材[3]。守能待攻，謂之持論之材[4]。攻能奪守，謂之推徹之材[5]。奪能易予，謂之貿說之材[6]。通材之人，既兼此八材，行之以道。與通人言，則同解而心喻。與眾人言[7]，則察色而順性。雖明包眾理，不以尚人[8]。聰睿資給，不以先人[9]。善言出己，理足則止。鄙誤在人，過而不迫。寫人之所懷[10]，扶人之所能。不以事類犯人之所婟[11]，不以言例及己之所長[12]。說直說變[13]，無所畏惡。采蟲聲之善音，贊愚人之偶得。奪與有宜，去就不留[14]。方其盛氣[15]，折謝不吝[16]。方其勝難，勝而不矜。心平志諭，無適無莫[17]，期於得道而已矣[18]。是可與論經世而理物也[19]。

注釋

1 名物：辨明物理。漢董仲舒《春秋繁露．實性》：「《春秋》別物之理以正其名，名物必各因其真。」

2 構架：結架材木，指建築。引申為運籌決策，構思設計。

3 權捷：應變能力強。

4 持論：立論，提出並堅持自己的主張。

5 推徹：推倒，拆毀。此指在理論上摧垮對方。

6 貿說：擅長論辯。

7 眾人：一般的人。《孟子．告子下》：「君子之所為，眾人固不識也。」

8 尚人：居於人之上。尚，同「上」。

9 先人：居於人之前。

10 寫：傾瀉。漢董仲舒《春秋繁露．考功名》：「其為天下除害也，若川瀆之寫於海也。」

11 不以事類犯人之所婟：不用類似的事冒犯別人，引起別人的嫉恨。婟，嫉恨。

12 不以言例及己之所長：不用比喻的詞語涉及自己的長處。

13 說直：勸說正直剛毅的人。說變：勸說權變詭詐的人。

14 去就不留：離開和留下都不遲疑。留，拖延，遲滯。

15 方：正當，正在。

16 折謝不吝：不惜彎腰致歉。劉昺在解釋這句話時說：「不避銳跌，不惜屈撓。」

17 無適無莫：沒規定該如何，也沒規定不該如何。指在堅持一定目標下，善用靈活權宜手段。《論語．里仁》：「子曰：『君子之於天下也，無適也，無莫也，義之與比。』」朱熹集注：「適，專主也。《春秋傳》曰『吾誰適從』是也。莫，不肯也。

比，從也。謝氏曰：『適，可也。莫，不可也。無可無不可，苟無道以主之，不幾於猖狂自恣乎？』」

18 **期**：期望。

19 **經世**：治理國事。**理物**：治理事物。

譯文

聽力敏鋭得能分辨聲音大小細微差別的人，稱為名物之才。思慮深遠得能夠追溯到事物開端的人，稱為構架之才。眼光敏鋭得能夠察覺到事物變化先兆的人，稱為達識之才。言辭巧妙得能夠表達心中想法的人，稱為贍給之才。處事敏捷得能夠彌補一時失誤的人，稱為權捷之才。防守堅強得能夠擋住論敵進攻的人，稱為持論之才。進攻淩厲得能夠戰勝嚴密防守的人，稱為推徹之才。爭奪巧妙得能夠用對方弱點制服對方，稱為貿説之才。通才就是兼備上述八種才能的人，他們能夠遵循事物的規律發揮這些才能。他們和通才交談，則理解相同心裏明白。和一般人交談，則察言觀色並順從他們的性情。他們雖然明白並掌握眾多的道理，但不因此而居人之上。他們雖聰明而富有天資，卻不因此而居人之先。美言出於己口，道理講充分就適可而止。別人出現低下的錯誤，看到這些錯誤也不去逼迫追究。替別人抒發情懷，幫助別人發揮才幹。不用類似的事冒犯別人，引起別人的嫉恨，不用比喻的詞語涉及自己的長處。無論勸說正直剛毅的人還是勸說權變詭詐的人，都無所畏懼無所厭惡。從鳴蟲的叫聲中獲得美的聲音，對愚笨之人的偶然發現給與贊許。獲得和給與都恰到好處，離開或留下都毫不遲疑。當他氣勢旺盛之際，也能不惜彎腰致歉。當他戰勝論敵的時候，也能做到勝而不驕。心氣平和志向明確，在堅持一定目標下，善用靈活權宜手段，只期望能夠掌握事理而已。這種人就可以與他談論治理國是管理民眾的道理了。

賞析與點評

甚麼是「通才」？換個方式問，擁有八種能力的通才，在與人相交時會有甚麼表現，其氣度儀容又有甚麼精彩之處？劉劭在本章的末節中，將通才的各方表現，描述得淋漓盡致，簡直是道德、知性、情感的最高模範，可謂至矣盡矣，蔑以加矣。（有些論者如李崇智等，僅以「學識淵博」來訓釋「通人」，似未能曲盡劉劭周全的描述。見李崇智（二〇〇一），《人物志校箋》，成都：巴蜀出版社，頁一〇八。話雖如此，李氏此書的箋注，十分詳盡，筆者得益不少。）本節譯文，曉暢易解，於此不作冗贅的重述了。

中卷

材能第五

本篇導讀——

《人物志》全書，上卷側重理論研究，旨在為人才的辨析及任免建立理論基礎，所以，基於它的學術背景，先從形而上角度，大談元一、陰陽、五行等哲學概念，繼而落實在經驗領域，分析偏才各種偏頗的方式，由此而初步為不同人才（實質是只涉及偏才）定其分位，配置崗位，最後，再把人才設定在辯論環境中，通過觀察其互動時所展現的能力、心態、才情等，以判斷其高低。

中卷以此為基，由理論研究過度到應用研究，即用更多的篇幅，來探討及分析職場上人才的表現，因此會有考察他們在一任一免時心理質素變化的〈利害〉篇，人才之間互相觀察與評鑒的〈接識〉篇，就人才各有特色的行事風格來品第人物的〈八觀〉篇，以及徹頭徹尾的個案研究的〈英雄〉篇。[1]這份名單就已把中卷裏五篇的後四篇囊括在內，那麼，中卷的首篇，亦即刻下此篇呢？

本章既緊貼上卷又下開中卷，因此肩負了由理論研究到應用研究過度的重任，所以上承上卷對人才與崗位的討論，但又必須為此進一步尋找理論支援，於是本章前部分便着手處理人才與其能力之間的關係，所謂「能出於才」、「才不同量，能各有異」，表達的就是才為源為本、能為流為末的觀點，本章名為〈材能〉篇，其義在此。否則，若無此篇的過度，關係確立不清，便很難在理論上說明為甚麼要以某類某類的原則，來把人才與崗位配合起來。[2]

劉劭基於其「先天人才決定論」，斷言人的能力是建基於其才分，而才分則由天賦決定，後天的努力如教育等，不會增之一分或減之一分。準此，當一個人的才分被準確鑒定之後，就可委以適當的崗位，以使能方者方，能圓者圓，人盡其才，各任其能。上卷四章對人才既已有初步的分析，本章便承其餘緒，指出哪個崗位需要哪種能力，而哪種能力需要哪種才分，文中所謂「夫人材不同，能各有異」，說的就是這個意思。本章提出八種能力，以對應八個崗位，又描述每個崗位的特定功能，同樣可以以表列之：

1 請注意，原書是先〈英雄〉而後〈八觀〉的，我這裏依其應有的思路，作了小小的結構重組。

2 或有人會詰難《人物志》對人才的分類與等次安排散見全書，就像本章的等次與前面〈流業〉似有重疊，是否顯示欠缺系統性？對此，《人物志：全譯本》的評析者侯書森與朱傑軍，認為劉劭對人才的分類與等次安排「交錯進行」，為的是使論述與概念更有機地結合起來，是很有見地的看法。

八種能力	對應才分	對應崗位／處事風格	
		在中央	在地方
自任之能	清節之才	冢宰之任	矯直之政
立法之能	法家之才	司寇之任	公正之政
計策之能	術家之才	三孤之任	變化之政
人事之能	智意之才	冢宰之佐	諧合之政
譴讓之能	譴讓之才	司寇之佐	督責之政
權奇之能	伎倆之才	司空之任	藝事之政
可察之能	臧否之才	師氏之佐	刻削之政
威猛之能	豪傑之才	將帥之任	嚴厲之政

此處所列崗位有分中央官員及地方首長，是與首句提出的疑問有關。當時似乎有一流行觀點，此觀點可分析成兩部分：

（1）才能有分大小；

（2）「能大而不能小」。

即是說，人物是依才能的大小而分，並且具大才的人，既能任職於高位（或中央），又能任職於低位（或地方）。相反，只具小才者，恐怕只永遠屬低級幹部之流。請注意，此處的「人物」，依全章上下文判斷，應僅指「偏才」，而非「通才」，兩者確是有高下之分的。

正如我在全書導讀已指出，對於劉劭而言，人是不應以有才無才而分，要分，就要看其才能的特質，而不是有與無之別。一個人若「才位」相配，則如魚得水，表現卓然有成，否則不提也罷。同一道理，本章的立場認為人才無大小之差，各有優勢，只有崗位與他的性格才能特質等等相匹配與否的問題，文中「才能既殊，任政亦異」說的就是此意。就有如文中所用之喻，牛鼎雖能既烹牛又烹雞，但卻有是否物盡其用的問題。於物，說的是「物盡其用」；於人，就是「人盡其才」了。所謂「盡」，其實與我在前面第四章〈材理〉篇首段的「賞析」裏所提到的「工具理性」，是一脈相承的。

本章後段，由人臣之能跳躍至人君之能，雖略覺突兀，臺灣學者杜保瑞甚至認為「思想有點亂跳，不是所論不合理，而是主題跳躍」，不無道理。然則，所論「不是……不合理」之處何在？本章大部分篇幅，花在討論才能與職位的匹配上，背後的理念其實仍是強調偏才之「偏」，亦即是全書的焦點所在。但這並不意味着不可提及「通才」（事實上，全書多次提及兼才、通才），此處所謂「跳」，目的似乎有三：一則藉以突顯偏才之偏，以為警誡。其次亦可藉以高懸理想，使人努力以赴，雖說劉劭本身的天賦決定論限制了偏才可轉化為通才，但理想之高懸，正可鞭策偏才，使其既不會自傲，復可使偏才在其領域內盡善盡美。若從全書結構看，還有第三目的，就是下開〈英雄〉篇，亦即對人君者的個案研究。

或曰[1]：「人材有能大而不能小，猶函牛之鼎不可以烹雞[2]。」愚以為此非名也[3]。夫能之為言，已定之稱。豈有能大而不能小乎？凡所謂能大而不能小，其語出於性有寬急。性有寬急，故宜有大小。寬弘之人，宜為郡國[4]，使下得施其功[5]，而總成其事。急小之人[6]，宜理百里[7]，使事辦於己。然則郡之與縣，異體之大小者也[8]。以實理寬急論辯之，則當言大小異宜，不當言能大不能小也。若夫雞之與牛，亦異體之小大也，故鼎亦宜有大小。若以烹犢，則豈不能烹雞乎？故能治大郡，則亦能治小郡矣。推此論之，人材各有所宜，非獨大小之謂也。

注釋

1 或：有的人。

2 函：包含，容納。

3 名：形容。《論語．泰伯》：「大哉，堯之為君也！巍巍乎，唯天為大，唯堯則之！蕩蕩乎，民無能名焉！」朱熹《集注》：「言物之高大，莫有過於天者，而獨堯之德能與之準。故其德之廣遠，亦如天之不可以言語形容也。」

4 為：治理。郡國：郡與國，二者是同級地方行政單位。秦行郡縣制度，漢承秦制，同時又分封同姓諸國。國分封諸王、侯，封王之國稱王國，封侯之國稱侯國。南北朝仍沿郡、國並置之制，至隋始廢國存郡。此處郡國指郡級行政單位。

5 **使下得施其功**：使用下屬讓他們發揮才幹。

6 **急小之人**：性情急躁氣度狹小的人。

7 **百里**：指一縣。

8 **異體之大小**：物體大小的差異。

譯文

有人說：「人才能任高級職務不能任低級職務，就像煮牛的鼎不能用來烹雞一樣。」我認為這個形容是不對的。才能成為一個詞，已經形成了一個專門的術語。怎麼能有可以擔任高級職務的人才不能擔任低級職務呢？凡是人們所說的能擔任高級職務不能擔任低級職務，是從性情有寬緩有急狹的意義上說的。性情有寬緩有急狹，所以其任職應該有高有低。寬緩的人，適合於治理郡國，這樣的人能夠使用下屬讓他們發揮才幹，而自己總攬全局完成郡國長官的職責。性情急躁氣度狹小的人，適合於治理一個縣，使各種事物都由自己親自完成。然而一個郡和一個縣，只是區域的大小不同而已。從實際治理與性情寬急關係的角度去論說，則應當說適宜治理地方大小的差別，不應當說能治理大地方不能治理小地方。至於雞和牛的關係，也是物體大小的區別，所以鼎也應該有大有小。如果鼎能夠用來煮牛，那麼難道不能用來煮雞嗎？所以能夠治理大郡的人，也能夠治理小郡。因此也可以推而論之，人才各有其適宜擔當的職位，不能只用大小高低去概括。

賞析與點評

在本章首節中，劉劭提出了一個關於人才等次的論證，就此論證而言，我們可以問三個問題：

（1）此論證關於甚麼？

（2）為甚麼要提出此論證？

（3）此論證是否有效？

第一個問題，即「此論證關於甚麼」，從上下文來看，劉劭明顯是要駁斥「能幹大事則不能幹小事」的觀點，「不能」的意思不算清楚，劉劭亦沒有明確界定。從上下文推斷，「不能」似乎是指管理事務的匱乏，亦即缺少了管理事務的能力的意思。此類「事務」與「大事」「小事」相關，從下文談郡與縣的對比來看，「大事」「小事」應指管理一郡之事與管理一縣之事。郡與縣俱是地方政府，分別只是層級的不同。但細觀下文，將能力與職位匹配時，所匹配的有中央官職，有地方官職，因此，所謂的郡與縣，毋寧應指中央與地方的差別。所以「能幹大事」應指能夠管理中央事務，引申為能夠管理中央事務的能力；同理，「能幹小事」應指能夠管理地方事務，引申為能夠管理地方事務的能力。

第二個問題，即「為甚麼要提出此論證」，答案不難看出，因為「能幹大事則不能幹小事」的觀點與本書一貫的主張相衝突。與劉劭同時的人中，有人認為能夠管理中央事務的能力，不能用在管理地方事務。此觀點背後預設了人才「在本質上」以高低而分，而忽略了人才的潛質要待有恰當的職位與之相配才得以實現的觀點，亦即「在本質上」，人才的鑒別不以高低為準則，而是以「才－位」相配為繩墨，文中「人材各有所宜」就是指此。因此，劉劭為要突顯他本身對「人才」與「人才的任免」不同於俗的洞見，所以必須對該觀點提出批判。

至於論證是否有效，從嚴格的邏輯意義上來說，劉劭的推論的確出現「概念混淆」的謬誤，今人不必為古人諱，但亦不應輕易誣之。古人的論述，甚少具嚴格的論證意識，這並不是當時學術界的共同要求。所以今人看古人，重點不在驗證其推論是否有效，而當在於聆聽其陳述，仔細衡斷其啟發性，吸取其理論的養分，以滋育眼下要解決的問題。

夫人材不同，能各有異。有自任之能[1]；有立法使人從之之能；有消息辨護之能[2]；有德教師人之能[3]；有行事使人譴讓之能[4]；有司察糾摘之能[5]；有權奇之能[6]；有威猛之能。

注釋

1 自任：自我修養潔身自好。劉昺在解釋這句話時說：「修己潔身，總御百官。」

2 消息：變化。此指在變化中周旋自如。辨護：治理修護。此指用智謀權術治理修護政事及制度。劉昺在解釋這句話時說：「智意辨護，周旋得節。」

3 師人：讓人效法。

4 行事：出使之事。使人：使節。譴讓：譴責，責備。

5 司察：督察。劉昺注：「督察是非，無不區別。」糾摘：檢舉揭發。

6 權奇：用奇謀妙計建立功業。劉昺在解釋這句話時說：「務以奇計，成事立功。」

譯文

人才各有不同，才能也各有其異。有的人才有自我修養潔身自好的才能；有的人才有建立法律制度使人服從的才能；有的人才有在變化中周旋自如，用智謀權術治理修護政事的才能；有的人才有以德教人讓人效法的才能；有的人才有充任使節對別國進行譴責的才能；有的人才有督察是非檢舉揭發的才能；有的人才有用奇謀妙計建功立業的才能；有的人才有勇猛剛毅震懾敵國的才能。

賞析與點評

此節內容直接，重點在指出人物的才質不同，其能力就會有相應的差別。又反映了作者關於天賦的「先天決定論」，亦即人物的能力型態先天地由他的天賦才質所決定。

「自任之能」的人，由於屬先知先覺，不待指派而後工作的人，所以得以名列首位。「立法之人」次之，可見劉劭心中制度規範對大至一國，小至一機構都十分重要。「有消息辨護之能」的人，負責訊息的發佈，在工作環境中亦至關緊要。「有德教師人之能」的人，在道德信用的領域裏，為一眾同工起示範作用，使一國或一個機構能取信於人。「有行事使人譴讓之能」的人，做的是調解衝突之事，可以説是工作環境裏的潤滑劑。不過，即使有前兩者在，樹大有枯枝，一個組織始終有人會犯錯，此時「有司察糾摘之能」的人就可大派用場。

國家的建立，或一個機構之所以組成，其實是要為相關的群眾解決共同面對的問題。因此，「有權奇之能」的人就正是可貴的人才，不可或缺。

最後，「有威猛之能」的人之於一個國家，其重要性不必待言，若放之於非國家型態的組織裏，例如公司、機構等，其角色類似於走在市場前線的推銷員，在其他芸芸的競爭對手中，使所屬公司脫穎而出，其功在此。

夫能出於材，材不同量。材能既殊，任政亦異。是故自任之能，清節之材也。故在朝也，則冢宰之任，為國則矯直之政[1]。立法之能，治家之材也[2]。故在朝也，則司寇之任，為國則公正之政。計策之能，術家之材也。故在朝也，則三孤之任，為國則變化之政。人事之能，智意之材也。故在朝也，則冢宰之佐，為國則諧合之政[3]。行事之能，譴讓之材也。故在朝也，則司寇之佐，為國則督責之政。權奇之能，伎倆之材也。故在朝也，則司空之任，為國則藝事之政[4]。司察之能，臧否之材也。故在朝也，則師氏之佐，為國則刻削之政[5]。威猛之能，豪傑之材也。故在朝也，則將帥之任，為國則嚴厲之政。

注釋

1 矯直：矯正彎曲使之變直。此指矯正邪僻，使歸正直。

2 治家：本書《流業第三》中有「法家之材，司寇之任也」的句子。這裏的「治家」，也有「司寇之任」。可見這裏的「治家」應為「法家」。

3 諧合：和諧，和睦。

4 藝事：技藝。《尚書・胤征》：「官師相規，工執藝事以諫。」孔安國傳：「百工各執其所治技藝以諫。」

5 刻削：苛刻嚴酷。

譯文

人的能力出自於才智，才智又有大小的不同。人的才能既然有大小的不同，其所承擔的國家的政事也有所差異。所以具備修身自好能力的人，是清節家之才。所以他在朝廷，則會擔任塚宰，治理國家則實行矯正邪僻提倡正直的政治。具有建立法律制度使人遵守法律能力的人，是法家之才。所以他在朝廷，則會擔任司寇，治理國家則會實行公正無私的政治。具有謀劃奇計妙策能力的人，是術家之才。所以他在朝廷，則會擔任三孤，治理國家則會實行靈活順勢的政治。具有通曉人情事理才能的人，是智意之才。所以他在朝廷，則會擔任塚宰的副手，治理國家則會實行和諧融洽的政治。具有使節才能的人，是譴讓之才。所以他在朝廷，則會擔任司寇的副手，治理國家則會實行督察問責的政治。具有奇思妙想能力的人，是伎倆之才。所以他在朝廷，則會擔任司空，治理國家則會實行推崇技藝的政治。具有監察檢舉能力的人，是臧否之才。所以他在朝廷，則會擔任師氏副手，治理國家則會實行苛刻嚴酷的政治。具備威武勇猛能力的人，是豪傑之才。所以他在朝廷，則會擔任將帥，治理國家則會實行嚴肅厲害的政治。

賞析與點評

承上節，本節進一步以「才—位」的配對來發揮他的「先天決定論」，所以他說「能力」雖然出自「才分」，但兩者相同處，都是由先天決定。既然不同人物先天地被賦予了不同才分，而才分又主宰了他們的能力，因此基於量才授官的原則，各人合該有不同的職位崗位，不得逾越。

值得注意的是，劉劭根據他的觀察，認為相同的人才，在中央政府與地方政府的表現呈現一系統性的差別，原因下一節分析。

凡偏材之人，皆一味之美。故長於辨一官，而短於為一國。何者？夫一官之任，以一味協五味[1]。一國之政，以無味和五味[2]。又國有俗化[3]，民有劇易[4]，而人材不同，故政有得失。是以王化之政宜於統大，以之治小，則迂[5]。辨護之政宜於治煩[6]，以之治易[7]，則無易。策術之政宜於治難，以之治平，則無奇。矯抗之政[8]，宜於治侈，以之治弊[9]，則殘[10]。諧和之政宜於治新，以之治舊，則虛[11]。公刻之政宜於糾奸，以之治邊，則失眾。威猛之政宜於討亂，以之治善，則暴[12]。伎倆之政宜於治富，以之治貧，則勞而下困[13]。故量能授官[14]，不可不審也[15]。凡此之能，皆偏材之人也。故或能言而不能行，或能行而不能言。至於國體之人，能言能行，故為眾材之雋也。

注釋

1 以一味協五味：官員各司其職，合力獲得治國成就。劉昺解釋這句話時說：「鹽人調鹽，醋人調醋，則五味成矣。譬梓里治材，土官治牆，則廈屋成。」

2 以無味和五味：國君用具有普遍意義的方法，調動百官的能動性。劉昺在解釋這句話時說：「水以無味，故五味得其和。猶君體平淡，則百官施其用。」

3 俗化：習俗教化。

4 劇易：激烈平和。

5 迂：不合時宜，不切實際。

6 煩：煩亂。劉昺在解釋這句話時說：「事皆辨護，煩亂乃理。」

7 易：安定，平安。

8 矯抗：與眾違異，以示高尚。三國魏嵇康《卜疑集》：「尊嚴其容，高自矯抗。」

9 弊：弊病。此指民俗之弊。

10 殘：此指百姓受到殘害。

11 虛：虛假不實。

12 暴：此指暴政殘害百姓。

13 勞而下困：徒勞無功使百姓困苦不堪。

14 量能授官：根據才能授予官位。

15 審：慎重。

譯文

大凡偏才的人，全都是只有一種特長。所以偏才在一個具體職位上能夠發揮其長處，而放在治理國家的重任上則會顯出其短處。為甚麼這樣說呢？偏才在一個具體職位上，會和其他的人合力獲得治國的成就。而治理國家的重任，則要求用具有普遍意義的方法調動百官的能動性。再有，一個國家中有習俗影響和教育感化的不同，有百姓激烈和平和的不同，而人才的各種能力不同，所以用他們執政就會有得有失。所以實行用王道教化政治的人適合統理國家大政，用他們治理小事，就是不合時宜，不切實際。實行用智謀權術治理修護政治的人適合治理紛亂，讓他們治理安定局面，則會失去安定。實行權術謀略政治的人適合治理危難局面，讓他們治理常態局面，則不會出現奇跡。實行與眾不同政治的人適合治理奢侈，讓他們治理民俗的弊端，則會使百姓受到摧殘。實行諧和政治的人適合治理新創立的局面，讓他們治理舊局面，則會造成虛假不實。實行公正苛刻政治的人適合糾察奸佞狡詐，讓他們治理邊境地區，就會造成百姓逃亡。實行威懾剛猛政治的人適合討伐叛亂，讓他們治理善良的百姓，就會對百姓殘暴不仁。實行推崇技藝政治的人適合治理富足的地區，讓他們治理貧瘠的地區，則會徒勞無功使百姓困苦不堪。所以應當根據才能授官，對此不可不謹慎行事。具有以上種種才能的人，都是偏才。有的人能說不能做，有的人能做不能說。至於兼備多種才能的國家棟樑之才，能言能行，所以是眾多人才中的傑出人物。

上節提到，人才在中央任職與在地方擔當行政首長，在能力表現上呈現系統性的差別。究其原因，或者說歸根到底，就是因為本章所論以致全書所談的人物都是偏才之故。但籠統地歸之於「偏」，未免有失精準，所以劉劭在此節作了較仔細的分析。概言之，他提出了偏才往往要面對兩個先天的困局，這使得他們在不同層次的工作崗位中總會有所偏失，並且其偏失總會以一特定型態出現，這也就是我以「系統性」三字來概括其分析的用意。

偏才的第一個先天困局在於他必須與人協調合作，才能完成事務。偏才之所以為「偏」，就是因為他欠缺周全的能力，這其實就是偏才非通才的最佳注腳。既然不「通」，而人類世界又變動不居，他以一偏之能，何以能解決全局之難？因此，在中央政府只任一職，不管或高或低，他只須謹守崗位並與人協調便成，其他事務自有他人去辦。但一旦成為地方長官，情況就大大不同。難題與地方的大小是沒有關係的，其規模可能有別，但難題之所以為難題，在於其結構，而不在規模。所以若要一個偏才總覽全局，那就好比要一個望遠鏡一口氣地呈現全幅地貌出來，三個字：「不可能」。

第二個先天困局與任何人類社會都出現的一個特質有關，所說的就是「多元性」。依定義，人類社會必定由超過一個成員組成。不錯，在社會科學（包括經濟學）的論述中，常見有魯賓遜式的社會，亦即只由一名成員構成的社會。但這種說法是一種方法論上的操作

（methodological operation），用定義方式規約了（stipulate）「社會」此一概念，從而使得某種討論得以進行。但現實中，社會永遠由一大班人組成，而人的利益與興趣，各如其面，無一相同，這就使社會注定成為多元。要一個只會在自己專業裏取得滿分的偏才，處理由無限多的專門所組成的社會並由之而生的多元問題，也是三個字：「不可能」。

本節用了不少例子說明上述道理，如實行威懾剛猛政治的人適合討伐叛亂，若在中央政府只肩負此職，他必綽綽有餘。但若任命他到地方政府裏總理善良的百姓，就會對百姓殘暴不仁。劉劭所舉例子很多，不過其核心主張，來來去去就是我所指出的兩個先天困局。

人君之能[1]，異於此。故臣以自任為能[2]，君以能用人為能。臣以能言為能[3]，君以能聽為能[4]。臣以能行為能[5]，君以能賞罰為能。所能不同，故能君眾材也[6]。

注釋

1 人君之能：指任用群才的君主，懷有不偏不倚的中庸平淡之心，發揮各種人才的能力。劉昺在解釋這句話時說：「平淡無為，以任眾能。」

2 **自任**：用自己的能力去建功立業，取得官爵。劉昺在解釋這句話時說：「竭力致功，以取爵位。」

3 **臣以能言為能**：臣子以能介紹自己的才能為長處。劉昺在解釋這句話時說：「各言其能，而受其官。」

4 **君以能聽為能**：君主以能聽臣下之言觀臣下之行為長處。劉昺在解釋這句話時說：「聽言觀行，而授其官。」

5 **臣以能行為能**：臣子以能實踐自己所說為長處。

6 **君**：統轄，主宰。

譯文

君主的能力，與上述所說不同。所以臣子以用自己的能力去建功立業為長處，君主以任用賢才發揮他們的能力為長處。臣子以能介紹自己的才能為長處，君主以能聽臣下之言觀臣下之行為長處。臣子以能實踐自己所說為長處，君主以能對人才功過進行賞罰為長處。臣子與君主的長處不同，所以君主能統轄駕馭眾多的人才。

賞析與點評

我在本章導讀裏，提到有學者認為本節與全文稍有脱節，亦即由對偏才的「才—位」匹配問題，跳到君臣之別，略見突兀。我大抵同意，但其實也不盡然。劉劭既然在以上四節，分析了偏才以其偏而能成就其功業，但成也其偏、敗也其偏，偏才先天地注定了有其系統性的失誤，而此失誤正因為其有所偏頗，那麼，劉劭在全章結尾時，以君之周全對比以至突顯偏才之偏，也算順理成章。簡單而言，君臣之別在於前者具大局意識，後者則只在經營方寸間的天地。

利害第六

本篇導讀——

上篇討論了「才—位」的匹配問題，亦即擁有某類才能的偏才人物適宜配置到哪個職位的問題。本章承其餘緒，深入分析前幾章所提過的六種人才（清節家、法家、術家、臧否家、伎倆家及智意家），在被任用前與任用後的「利」和「害」。所謂「利」，是指其所賴以成功的優勢，而所謂「害」，其實是指該類人才，在被授予相應的職位時所面對的潛在風險，此潛在風險之所以出現，與這類人才的特質及其才能息息相關。既然如此，在為每類人才指出其「利」和「害」的同時，劉劭認為有必要列述以下幾種相關的觀察：

（1）其工作所本；

（2）其工作的效果在甚麼情況下才被認可；

（3）其行事原則；

（4）未在位時其他人對他的看法；

（5）在位時其他人對他的看法；

（6）其行事風格的毛病等等。

本章與其說是分析所謂「利」和「害」，倒不如說是〈流業〉與〈材能〉兩章的延續，之所以獨立成篇，除了是因為該兩章有自己的主題外，相信與曹魏政府特重官職任免的風氣有關。

蓋人業之流，各有利害。夫節清之業著於儀容[1]，發於德行，未用而章，其道順而有化。故其未達也，為眾人之所進[2]；既達也，為上下之所敬。其功足以激濁揚清[3]，師範僚友。其為業也無弊而常顯，故為世之所貴。

注釋

1 節清：《墨海金壺．人物志》、《龍谿精舍叢書．人物志》均為「清節」。

2 為：被。

3 激濁揚清：本指沖去污水，浮起清水。後用以喻斥惡獎善。

譯文

各種人才功業的流變過程中，都表現出長處和短處。清節家的功業表現在行為舉止上，而這些舉止都是來自於自身的道德品行，這些道德品行在他們未被任用之前就十分明顯，他們的道德順應人心而具有教化功能。所以當他們沒有顯達的時候，就被眾人所舉薦；顯達之後，被上下所敬仰。他們的作用足以揚善抑惡，成為同僚友人的典範。他們所進行的事業沒有甚麼弊病反而功德顯赫，所以被世人所敬重。

賞析與點評

此節關於清節家人才，劉劭對此類人才有讚無彈，其推崇程度，可謂至矣盡矣，蔑以加矣。在第三章〈流業〉篇中，劉劭許之為德行高尚，足為人法。本章中，進一步描述其為即使在野，已光芒四射，以今天語言來說，即是受到普遍認同。何解？無他，此類人物，一身正氣，德昭日月，單是以己身所作之則，已能服眾。所以未在位時已是人間領袖，在位後更廣受尊重，抑濁揚清而能感化一代的人。簡單講，是高風亮節的魅力型人物。

法家之業，本於制度，待乎成功而效[1]。其道前苦而後治[2]，嚴而為眾。故其未達也，為眾人之所忌。已試也[3]，為上下之所憚[4]。其功足以立法成治，其弊也為群枉之所仇[5]。其為業也，有敝而不常用[6]，故功大而不終[7]。

注釋

1 待乎成功而效：等到成功以後才能見到功效。劉昺在解釋這句話時說：「法以禁奸，奸止乃效。」

2 前苦而後治：開始建立威嚴的時候有個艱苦的過程，威嚴建立後才收到治理的效果。劉昺在解釋這句話時說：「初佈威嚴，是以勞苦。終以道化，是以民治。」

3 試：任用。《詩經．小雅．大東》：「私人之子，百僚是試。」毛亨傳：「是試，用於百官也。」

4 憚：畏懼。

5 枉：彎曲，不正。引申為不合正道邪僻之人。

6 敝：丟棄，棄置。《禮記．郊特牲》：「冠而敝之可也。」陸德明《釋文》：「敝，棄也。」劉昺在解釋這句話時說：「明君乃能用之強，明不繼世，故法不常用。」意思是法家只被明君所用，但明君不常有，所以法家也不被常用。

7 終：善終，好的結果。

譯文

法家的功業，以建立國家的法律制度為其根本，等到成功以後才能見到他的功效。法家開始建立威嚴的時候有個艱苦的過程，威嚴建立後才可收到治理的效果，法家建立威嚴是為了對付大眾。所以他未顯達的時候，被眾人所忌恨。被任用以後，上下之人都會對他產生畏懼。法家的作用足以建立法律的威嚴成就國家的治理，他的短處是被眾多的邪僻之人所憎恨。他們所進行的事業，有時被擱置而不常用，所以往往功大卻不能善終。

賞析與點評

本節關於法家人才。讀畢本節，讀者或許會喟然而歎，同情此類悲劇人物。何解？法家人才，以法治的態度與立法的專長，為社會建設典章制度，規範眾人的行為，本屬可敬。所謂「社會」，實由一班擁有不同利益、興趣殊異及價值多元化的人群組成，因此，混亂紛爭注定要此起彼落。要理順社會，一定要所有人——亦即今人口中的所謂「持分者」，做大幅度的讓步，節制一己的私慾。能成此業者，法家人才肯定是社會得以建立的先決條件。可惜的是，正因為他以法律及諸種制度勒令眾人要犧牲小我，所以不論顯達與否，都成忌恨對象，邪僻之人更欲置之於死地而後快。劉劭曾為法治之吏，出於自身經驗而說「功大而不終」，亦即功勞雖大，但往往不得善終，翻讀至此，其忿忿然之心幾乎呼之欲出。

術家之業，出於聰思，待於謀得而章[1]。其道先微而後著[2]，精而且玄。其未達也，為眾人之所不識。其用也，為明主之所珍。其功足以運籌通變[3]。其退也[4]，藏於隱微[5]。其為業也，奇而希用[6]，故或沉微而不章[7]。

注釋

1 謀得而章：謀略成功以後作用才得以彰顯。得，成功。《韓非子・外儲說右下》：「蘇代為秦使燕，見無益子之，則必不得事而還，貢賜又不出，於是見燕王及譽齊王。」

2 道：政治主張或思想體系。《論語・衛靈公》：「道不同，不相為謀。」

3 運籌通變：籌劃謀略通達變化。

4 退：退位，離開職位。

5 藏於隱微：指計謀和謀略的深藏不露。劉昺在解釋這句話時說：「計出微密，是以不露。」

6 希：同「稀」，稀少。

7 沉微：深藏。

譯文

術家的功業，以聰明敏鋭思慮深遠為其根本，等待謀略成功以後作用才得以彰顯。他的思想體系有一個從隱微到顯著的過程，精妙而且玄遠。他沒顯達的時候，不被眾人所認識。他發揮作用的時候，又被英明的君主所珍愛。他的作用足以籌劃謀略通達變化。他離開職位的時候，計謀和謀略便深藏不露。他所從事的事業，因神奇而很少被人所用，所以有的人便深藏而不顯露。

賞析與點評

本節關於術家，〈流業〉篇稱許此類人才能看通大局，有長遠計謀，這裏，劉劭再次譽之為智慧型人物。具智慧之才，每每能深思熟慮，不會動輒莽撞，正因如此，事未成前，往往不為人所識，劉劭以一「玄」字讚他，其意在此。事成之後，其價值才呈露人前，連君主也必賞識，因此劉劭又用一「精」字稱之。但這裏有一個弔詭，世人多為愚昧之輩，所謂「伯樂」，比千里馬更罕見，所以其隱而不現的智慧，就如一匹寄寓於平凡馬廐的千里馬，難被人發現，於是機會就總會旁落他人之手。既無機會，便無以發揮，所謂一展抱負，一日千里，幾近笑話，此所以劉劭說「沉微不章」，亦即是說此類人物大多終身寂寂無聞。

智意之業，本於原度[1]，其道順而不忤[2]。故其未達也，為眾人之所容矣。已達也，為寵愛之所嘉[3]。其功足以贊明計慮，其敝也，知進而不退，或離正以自全。其為業也，諝而難持[4]，故或先利而後害。

注釋

1 原度：追溯源頭揣度變化。

2 忤：違逆，抵觸。

3 嘉：喜歡，嘉許。

4 諝而難持：傳授運用才智而難以自保。諝，才智。

譯文

智意家的功業，以追溯源頭揣度變化為其根本，他的這套方法順合時宜而不與之抵觸。所以他還沒顯達的時候，就已經被眾人所接受。當他顯達以後，又被寵愛他的人所喜歡。他的作用足以幫助賢明的君主制定策略，他的毛病在於只知進身而不知道引退，有的時候還離開正道以保全自己。他所從事的事業，是運用才智但難以自保，所以有的人開始獲利而後來卻招致禍害。

賞析與點評

承上節，本節談與術家一脈相承但卻欠缺通盤視野的智意家，亦即處事變通一類人物。既是術家的嫡系，所以亦頗具智慧，做事能按圖索驥，探其規律而順勢為之，因此，即使在野時已為人稱許，至在朝時又極受寵信。此類人才思慮周詳，處事圓滑，又懂審時度勢，以為自己勝券在握，所以有時反會走入邪道，貪勝不知輸，不去堅持正道致令有身陷困境之虞。

臧否之業，本乎是非，其道廉而且砭[1]。故其未達也，為眾人之所識。已達也，為眾人之所稱[2]。其功足以變察是非[3]，其敝也，為詆訶之所怨[4]。其為業也，峭而不裕[5]，故或先得而後離眾。

注釋

1 砭：用石針刺穴治病。引申為批評。

2 稱：稱譽。

3 變：通「辨」。《商君書．禁使》：「夫物至則目不得不見，言薄則耳不得不聞；故物至則變，言至則論。」蔣禮鴻《錐指》：「變、辨字通。」

4 詆訶：詆譭，指責。此指詆譭法家的人。劉昺在注釋這句話時說：「詆訶之徒，不樂聞過。」怨：恨。

5 峭而不裕：嚴厲苛刻不能寬容。劉昺在解釋這句話時說：「峭察於物，何能寬裕？」

譯文

臧否家的功業，以評判是非為其根本，他主張自身的廉潔而去批評別人的錯誤。所以他沒有顯達的時候，就被眾人所認識。當他顯達的時候，就被眾人所稱譽。

他的作用足以明辨是非曲直，他的不利之處，就是被那些詆譭者所痛恨。他所從事的事業，嚴厲苛刻而不能寬容，所以開始的時候能夠取得眾人的支持而最後卻離眾人越來越遠。

賞析與點評

本節分析臧否家，這裏並沒有提及他本自何家，翻查〈流業〉篇，即知劉劭心中，以之為清節家的嫡裔，亦即是非分明之人。這類人才的品性使得他們往往處在道德高地，斥惡揚善，因此在朝在野，均受注目，一旦事業有成，當然為人稱道。但名滿天下，謗亦隨之，其批評者往往目之為仇，又加之以過多高揚道德旗幟，對人不夠寬厚，所以其他人最終對他敬而遠之。

伎倆之業，本於事能[1]，其道辨而且速[2]。其未達也，為眾人之所異[3]。已達也，為官司之所任[4]。其功足以理煩糾邪，其敝也，民勞而下困。其為業也，細而不泰[5]，故為治之末也。

注釋

1 能：技能。

2 辨：同「辦」。

3 為衆人之所異：被眾人視為技能突出。劉昺在解釋這句話時說：「技能出眾，故雖微而顯。」

4 官司：官府。多指政府的主管部門。晉葛洪《抱朴子・酒誡》：「人有醉者相殺，牧伯因此輒有酒禁，嚴令重申，官司搜索。」

5 泰：大。《尚書・泰誓上》孔安國解釋「泰誓」說：「大會以誓眾。」孔穎達疏：「經云『大會於孟津』，知名曰『泰誓』者，其大會以示眾也。」

譯文

伎倆家的功業，以從事技能性的工作為其根本，他主張通過技巧不但把事辦成而且還要迅速。當他沒有顯達的時候，就被眾人看作技能突出的人。顯達之後，就被政府的主管部門所任用。他的作用足以處理紛繁的事務匡正邪僻，他的弊端，在於使民眾疲弊下屬困頓。他所從事的事業，細小而不宏大，所以是治國之術的細枝末節。

賞析與點評

伎倆家屬於實務型人物，處事既有效果亦有效率，使旁人嘖嘖稱奇，為人賞識後又必會受到重用。不過，一個做事爽快的人，長期來看，有時不一定是受歡迎人物，因為他快時亦要求人快，別人要跟便很吃力，因此處理紛繁的事務雖是優點，但始終是治國末節，劉劭置之於末，實不足為奇。

接識第七

本篇導讀——

《人物志》全書之精彩處，在以精密的分析，提出精闢的見解，向我們授以精純的品鑒人才知識。經上兩章由此主線稍微轉折到「量才授官」及人才在朝在野的得失後，本章又再重新上路，帶領我們進軍深一層次的識人之境。

所謂觀人，不是袖手旁觀的「觀」，必須要有互動才能真正深入體會別人的特質，以評定人才的高低。本章題為「接識」，與成語「待人接物」一樣，「接」就是接觸，就是互動，就是交往，不以旁觀就是客觀。有接觸，有交往，於是就可對人建立更精準的認識，故名「接識」。

與人接觸，時間一久，總能或多或少增益了解，這近乎常識。但若要短時間內對對方深入認識又是否可能？現代社會，人物眾多，角色複雜，社交場合千差萬別，要第一時間準確掌握陌生人的性格，比古人來得更加困難。本章所講的「接」，正是針對初次認識的人而作的分析。

從何得知？文首提到「人初甚難知」，甫始即點出一個「初」字。及後談到常人觀察別人的通病時又說：「取同體也，則接論而相得；取異體也，雖歷久而不知」，誠如王曉毅先生所說，「接論」與「歷久」對舉，明顯指的是初次相識。劉劭在本章裏，談的就是怎樣在初相識階段，已經能有效觀察人心。

觀察之所以有效，不單在掌握正確的觀人之道，也在如何避免犯錯，否則錯誤與成效互相抵銷，則所謂觀人就無從談起。劉劭在本章中，討論到常人在鑒定人才時，多犯一種我權稱為「黨同伐異」的通病。且讓我簡單解釋一下。

一般人常從自己的價值觀、審美觀、道德觀、信念等等出發，毫無批判地肆意投射到別人身上，於是有兩個情況出現：第一我稱之為「酒逢知己型」，就是「發現」對方的諸種觀念與自己相同；另一就是與自己相異，可名之曰「話不投機型」。由於人對自己的評價，往往有一種「通脹效應」，而對人卻反有「通縮效應」，於是，與自己相同，則傾向放大對方的長處，而將對方的短處忽略，有意與無意間掉進認知的盲區中。如剛才所說，這是第一種情況。那麼，對那些有異於自己的他者呢？這就是第二種，與第一種剛好相反。

針對這種通病，劉劭要求觀人者首先要放下自己的標準，走出知人知己的盲區，才可突破樊籬，「發現」別人。其次，要從多角度反覆觀察一個人，知其長短，並且要不斷檢討、修改，甚至否定自己初始時的判斷才可。猶有進者，要提升自己的層次，才可說得上真正的觀人。此話怎說？前文提到的通病，其實是偏才型人物常犯的。他們既為偏才，雖能在自己的專長領域內獨當一面，但偏才之所以為偏，就因為他們的視野永遠受到局限。正因如此，我們若要有所提升，則必須要超越偏才的層次，以進軍兼才的境界，亦即能從多角度觀人，以建立一立體的認識。

一個聰明的讀者可能會發現，其實，上述自我提升的道理，可以反過來藉以判斷誰人是偏才、誰是兼才，這亦是劉劭在本章最後一節所討論的課題。某甲若只對自己的信念侃侃而談，對自己的成就誇誇其辭，此人多屬偏才無疑。相反，某乙卻具跨學科之才，言談間常可充分發揮其科際整合的能力。比方說，他能由中文電腦「倉頡輸入法」之雄霸市場，或英文鍵盤各字母按鍵的非理性安排，談到心理學的所謂「習慣」的力量，再由此說到經濟學上的「理性人假設」及「交易費用」學說，又再以此為據，進一步討論「博弈論」中所謂短期博弈與長期博弈之別，最後還以法國思想大師福柯的後結構主義式權力理論，來總結市場對人習慣性思維的主宰力量，那麼，此人必是兼才無疑。（此例子是我與友人英冠球博士閒聊時想到，特此鳴謝。）

不過，世上能為偏才者已經不多，兼才則更鳳毛麟角，其餘呢？多為本書〈九徵〉篇所說的「無恆」與「依似」是也！

夫人初甚難知，而士無眾寡皆自以為知人。故以己觀人，則以為可知也。觀人之察人，則以為不識也。夫何哉？是故能識同體之善[1]，而或失異量之美[2]。何以論其然[3]？夫清節之人以正直為度，故其歷眾材也[4]，能識性行之常[5]，而或疑法術之詭。法制之人以分數為度[6]，故能識較方直之量[7]，而不貴變化之術。術謀之人以思謨為度[8]，故能成策略之奇，而不識遵法之良。器能之人以辨護為度，故能識方略之規，而不知制度之原[9]。智意之人以原意為度[10]，故能識韜諝之權，而不貴法教之常。伎倆之人以邀功為度[11]，故能識進趣之功[12]，而不通道德之化。臧否之人以伺察為度[13]，故能識訶砭之明，而不暢倜儻之異[14]。言語之人以辨析為度，故能識捷給之惠[15]，而不知含章之美[16]。

注釋

1 能識同體之善：能夠認識同類人才的長處。劉昺在解釋這句話時說：「性長思謀，則善策略之士。」

2 或失異量之美：有時認識不到不同類人才的長處。劉昺在解釋這句話時說：「遵法者雖美，乃思謀之所不取。」或，有時。

3 然：這樣，如此。

4 **歷**：經歷，閱歷。此引申為觀察、審視之意。

5 **性行之常**：性情行為恒常不變。劉昺在解釋這句話時說：「度在正直，故悅有恒之人。」

6 **分數**：法度，規範。《三國志・魏書・劉劭傳》：「文學之士嘉其推步詳密，法理之士明其分數精比。」劉昺在解釋這句話時說：「度在法分。」意思說，各種尺度是由法律劃分的。

7 **識較方直之量**：認識比較出方直之人的才能。量，才能。《三國志・蜀書・諸葛亮傳》：「時左將軍劉備以亮有殊量，乃三顧亮於草廬之中。」

8 **謨**（粵：毛；普：mó）：謀略，計謀。

9 **原**：本源，根本。

10 **原意**：探究別人的本意。原，推究，考究，研究。《荀子・儒效》：「俄而原仁義，分是非，圖回天下於掌上而辨白黑，豈不愚而知矣哉！」

11 **邀功**：求取功勞。

12 **進趣**：追求，求取。《後漢書・韋彪傳》：「安貧樂道，恬於進趣，三輔諸儒莫不慕仰之。」

13 **伺察**：偵查，觀察。

14 暢：長。《詩經・秦風・小戎》：「文茵暢轂，駕我騏馵。」毛傳：「暢轂，長轂也。」孔穎達疏：「暢訓為長，言長於大車之轂也。」此指「以……為長」。

15 捷給之惠：言辭敏捷反應迅速的聰慧表現。惠，通「慧」，聰慧。《晏子春秋・外篇上十五》：「夫智與惠，君子之事，臣奚足以知之乎？」

16 含章：包含美質。《周易・坤》：「六三，含章可貞。」孔穎達疏：「章，美也。」

譯文

人的性情的深處是很難知曉的，而讀書人不論自己知識多少都認為自己有知人之明。所以看自己對人才的觀察，則認為自己能夠識別人才。看別人對人才的觀察，則認為他不能夠識別人才。這是為甚麼呢？這是因為人能夠認識同類人才的長處，有時卻認識不到不同類人才的長處。為甚麼這樣說呢？清節之人用清正方直作為衡量他人的標準，所以當他審視眾多的人才時，能夠認識性情行為恆常不變的長處，而有時卻對方略計謀的欺詐產生疑惑。法制之人以法律規範作為衡量他人的標準，所以他能夠認識比較出方正耿直之人的才能，而不看重變化多端的謀略之術。術謀之人以深思熟慮謀劃計略為衡量他人的標準，所以他能夠評定計策方略的奇妙，而不能認識遵守法度的好處。器能之人以用智謀權術治理政事為標準，所以能夠認識方略的規定，而不知道制度的根本作用。智意之人以探究符合別人的本意為衡量他人的標準，所以能認識隱藏機謀的權術，而不看重常規的法制教化。伎倆之人以求取功勞作為衡量他人的標準，所以能認識追求進取的作用，卻不通曉道德的教化作用。臧否之人以觀察別人的短處為衡量他人的標準，所以能夠認識指責批評的好處，卻不以卓異突出不同尋常為長處。言語之人以辨別分析為衡量他人的標準，所以能認識言辭敏捷反應迅速的聰慧表現，而不知道美質在內的好處。

賞析與點評

觀察以致判斷別人的高下，是每個人每天都做的事，但說說容易，實行時多數人都是力有不逮。力有不逮而自知，不是問題，但問題就出在多數人對自己力有不逮此一事實妄昧無知。常人多以己意測度別人，合己意者雖假必取，不合己意者雖真必廢，所以與其說觀人，其實還是在觀己。劉劭說的「能識同體之善，而或失異量之美」，就是此意。

是以互相非駁[1]，莫肯相是[2]。取同體也，則接論而相得[3]。取異體也，雖歷久而不知。凡此之類，皆謂一流之材也[4]。若二至已上[5]，亦隨其所兼，以及異數[6]。故一流之人，能識一流之善。二流之人，能識二流之美。盡有諸流，則亦能兼達眾材。故兼材之人與國體同。

注釋

1 是以：所以。非駁：非難反駁。
2 是：肯定。
3 相得：彼此投合。
4 一流之材：同一類的人才。劉昺在解釋這句話時說：「故同體則親，異體則疏。」
5 二至已上：兩個標準以上。至，準則，標準。已，同「以」。
6 異數：等次不同，程度不一。《左傳・莊公十八年》：「王命諸侯，名位不同，禮亦異數。」

譯文

所以互相非難反駁，沒有人肯定對方。遇到與自己同類的人才，則討論的時候觀點彼此投合。遇到和自己不同類的人才，則儘管在很長的時間內也互不相知。凡是以上所說，都可以稱作只與同一類人才相通。如果通兩種人才以上，也就隨着他所兼備的才能，達到不同的等級。所以只與同一類人才相通的人，只能認識一類人才的長處。與兩類人才相通的人，就能認識兩類人才的長處。與所有類別人才相通的人，就能夠同時通曉眾多人才的長處。所以兼才之人與國體之才是一樣的。

賞析與點評

偏才以一己之腹度人，結果是同類型的，就與他絮絮叨叨，幾近情投意合，恨不相逢於前生；對異類，輕則味同嚼蠟，嚴重的則嗤之以鼻，見其影而厭其人，見其人而惡其心，幾乎要誅之而後快。初識如是，多年以後也如是，彷彿自己與對方的性格氣質永不改變一樣。

兼才則不同，總能於別人身上看到異於自己的優點。當然，兼才亦可分兼一二之才，或身兼多才，以致通兼各才。後者備受劉劭稱許，認為及得上他推崇備至的「國體」級人物，即〈流業〉篇描述的一身兼具清節、法、術之才的人，是治國之大才。

欲觀其一隅[1]，則終朝足以識之[2]。將究其詳，則三日而後足。何謂三日而後足？夫國體之人兼有三材，故談不三日不足以盡之[3]。一以論道德，二以論法制，三以論策術，然後乃能竭其所長，而舉之不疑。

注釋

1 隅：牆角。此指方面。
2 終朝：早晨。《詩經．小雅．采綠》：「終朝采綠，不盈一匊。」毛傳：「自旦及食時為終朝。」
3 盡：全部。

譯文

要觀察他一個方面，那麼一個早晨就足以知道了。如果要深究其詳，那麼要三天以後才可以完成。為甚麼說三天以後才能完成？國體之人同時具備三種人才的特點，所以不與他談論三天就不足以完全了解他。三天時間裏用一天與之談論道德，第二天與之談論法制，第三天與之談論謀略之術，然後才能徹底地了解他的長處，從而在提拔任用他的時候沒有任何疑慮。

賞析與點評

本節談及初相識及假以時日觀人的分別，但須注意，從上文下理看，這裏是談兼才之觀人，而非偏才的狹隘方式，因為後者先天的性格缺憾，令他即使終身觀人都仍囿於一偏。

劉劭認為，一天的觀察足以讓兼才可以掌握對方性格、才能、氣質的某一方面，但要了解更多，便須假以時日。文中說到用三天便可有效考察國體級人才的長處。為甚麼要三天？無他，如上面所提，國體級人物匯聚了清節、法、術三家之長，以一天觀一長，於是需要三天。但為甚麼一定就是三天？我認為三天之數是一個虛數，難道真的是七十二個小時，多一分少一分則不可？古人心中，「三」往往代表「眾數」，甚至囊括一切的含意，就像「天、地、人」幾乎概括萬物一樣。所以，解讀劉劭的所謂三天，我認為最好寬一點，將之理解為長時間、並非一朝一夕較為合宜。

然則何以知其兼偏[1]，而與之言乎？其為人也，務以流數杼人之所長而為之名目[2]，如是兼也。如陳以美欲人稱之[3]，不欲知人之所有，如是者偏也。不欲知人，則言無不疑。是故以深說淺，益深益異[4]。異則相返[5]，反則相非。是故多陳處直[6]，則以為見美[7]。靜聽不言，則以為虛空。抗為高談[8]，則以為不遜。遜讓不盡[9]，則以為淺陋。言稱一善，則以為不博。歷發眾奇[10]，則以為多端。先意而言，則以為分美[11]。因失難之，則以為不喻[12]。說以對反，則以為較己[13]。博以異雜，則以為無要[14]。論以同體，然後乃悅。於是乎有親愛之情，稱舉之譽，此偏材之常失。

注釋

1 兼偏：兼才和偏才。

2 流數：各類人才所懷有的才能。數，技藝，技巧。《孟子．告子上》：「今夫弈之為數，小數也。」趙岐注：「數，技也。」此指才能。杼：通「抒」，抒發，申述。名目：稱道，標榜。《三國志．魏書．王粲傳論》：「同聲相應，才士並出，惟粲等六人，最見名目。」

3 陳以美欲人稱之：陳說自己的長處讓別人稱讚自己。劉昺在解釋這句話時說：「己之有善，因事自說，又欲令人言常稱己。」

4 益深益異：道理談得越深分歧越大。益，越，更加。

5 相返：相反。

6 多陳處直：過多地陳說自己處事公正有理。直，公正，有理。

7 見美：表現自己的長處。見，同「現」。

8 抗：聲音高亢。

9 遜讓不盡：謙虛禮讓不全部使出本領。盡，全部使出。《戰國策．秦策一》：「然而甲兵頓，士民病……伯王之名不成，此無異故，謀臣皆不盡其忠也。」

10 歷發眾奇：普遍地揭示眾家的奇特之處。歷，遍。漢王褒《四子講德論》：「於是相與結侶，攜手俱遊，求賢索友，歷於西州。」

11 分美：掠美。此指掠己之美。

12 不喻：不高興，不愉快。劉昺在解釋這句話時說：「欲補其失，反不喻也。」喻，同「愉」，歡愉，愉快。《莊子．齊物論》：「昔者莊周夢為胡蝶，栩栩然胡蝶也，自喻適志與。」陸德明《釋文》引李頤云：「喻，快也。」

13 較：較量，比高低。

14 無要：沒有要領。

譯文

然而怎樣才知道他是兼才還是偏才，而去和他交談呢？如果他的為人，致力於根據各類人才所懷技能去申述他的長處，進行稱讚標榜，這就是兼才。如果他陳說自己的長處讓別人稱讚自己，不想知道別人有甚麼長處，像這樣的人就是偏才。不想知道別人的長處，就會對別人說的話處處懷疑。所以用深的道理說服膚淺的人，道理越深分歧越大。有分歧就會觀點相反，觀點相反就會互相非難。如果過多地陳說自己處事公正有理，就會被認為在表現自己的長處。如果靜靜傾聽不說話，就會被認為內中空虛沒有知識。如果聲音高亢高談闊論，就會被認為不懂得謙遜。如果謙虛禮讓不拿出全部本領，就會被認為膚淺鄙陋。如果只稱讚某一家的長處，就會被認為知識不廣博。如果普遍地揭示眾家的奇特之處，就會被認為頭緒繁多。如果提前把自己所想的說出來，就會被認為要掠自己之美。如果要彌補別人觀點的不足，就會被認為這樣是要讓自己不高興。如果提出相反的觀點，就會被認為他是在和自己比高低。如果論說博採各家不同的觀點，就會被認為論說不得要領。只有在與自己同類的人談話，才可以高興愉悅。於是就產生了親近關愛之情，稱讚提拔之舉。這些都是偏才常有的過失。

本節開首，問了一個問題：怎樣判斷一個人是偏是兼，以與之相交？論者多把焦點放在前半，即「如何判斷」的問題。這可理解，因為本節主要篇幅花在這裏。但我認為更值得欣賞的是問題的後半，亦即判斷對方是偏是兼的最終目的，其實就是要以恰當的方式與之溝通。我們若將焦點還原於此，則可看出劉劭早在千多年以前，已具今天學術界社會語言學的洞見。社會語言學當然是個複雜的學科，但它所研究的重點之一，是指出不同階層的人，在不同的場合中，對相識時間或長或短的人，所採用的語言（即表達方式）具有系統性差異，及此差異背後的規律是有跡可尋的。簡單講，某甲在公司酒會上與初相識的人寒暄，跟他在更衣室內與自己的足球隊隊友傾談的方式，可以有天壤之別。即使是面對後者，對着木訥的某乙與對着粗獷的某丙時，雖同為隊友，但所採用的語言仍可大相徑庭。此為常識，但解釋常識與知道其為常識，是兩回事。無論如何，其中的道理，亦是劉劭憑其敏銳的直覺早已知悉的，就是要決定用哪種方式或與人相交，首先就要對對方的性情、心理、傾向等等，作出粗糙的、輪廓式的判斷。古人「合於體統」或「不合體統」的判斷，其實是社會語言學所研究出來的所謂「社會交往語言規律」的高度濃縮版，而劉劭所隱然意識到的正是此理。

那麼，兼才與偏才有哪些「系統性差異」？依劉劭的觀察，兼才的人，常能以不同話題激發周圍的人，使之發揮其潛在優點，並且加以稱讚。至於偏才，只談自己感興趣的東西，自說自話，甚至自我吹噓，又或故作高深，以顯示對方愚昧為樂。換言之，兼才與人交往時，所念茲在茲的是對方的感受，務要成就對方，為之建立更堅實的自我形象。而偏才呢？似乎以自戀居多，由於不以別人之心為心，甚至不顧別人感受，結果便易生爭端了。

英雄第八

本篇導讀——

本章是以分析英雄為主題，有幾點值得談談。

首先本章是以歷史人物為例，示範了一次漂亮的個案研究。《人物志》全書一序十二章，除本章外，沒有一章是以這麼大的篇幅，圍繞着幾個人物加以發揮，以論證兼才與通才之別。事實上，在序言與〈九徵〉篇中，劉劭已清楚表明，全書的焦點落在對偏才的分析上，原因無他，一則世上的確以偏才居多，二則《人物志》的成書目的，主要是為國家尋找品鑒人才的依據，所以除本章外，其餘各章，基本上是在對偏才作出深淺不同的討論。集中分析偏才固然是全書宗旨，但加一章討論通才，以收比較之效，逼顯出偏才的特點，則何樂而不為？

那麼，作為兼才的一個原型，英雄有甚麼特質？一般論者，大概會立刻直接分析英雄，例如說英雄就是那類替人出頭，膽色過人，自發完成艱巨任務的傑出之士，諸如此類。但劉劭不急於分析英雄，而先把英雄破開為「英」與「雄」，復把「英」與「雄」進一步破開為「聰」、「明」、「智」、「勇」、「力」、「膽」。一個真正的人才，要兼有英與雄兩種屬性，互相補足，而所謂完美的英雄，就是指那些不單兼有英與雄，而且其成分與比例達至完美的協調與和諧的人。不過，現實中，有些英才只具「聰」但欠缺「明」，有些同具「聰」、「明」，但又欠「勇」或「力」，於是不同人物的屬性的不同比例，以不同方式合併，便輻輳成一個井然有序、條理分明的「矩陣」，以之審視人才，便可獲致一立體的認識。為讓讀者有一更具體的了解，劉劭以幾個具代表性的歷史人物，像把信件放進信格內一樣，匹配至此一矩陣中。

另一點值得注意者，在於文中運用「矩陣」，對劉邦、項羽兩位史上傑出人物，作了精要的評價。此二人皆是以一人之身而兼有英、雄兩種才分。但何以最終只有劉邦才能成就大業，而項羽則落拓江邊，自刎而終呢？關鍵就在兩種才分的比例問題。劉、項二人雖兼有英、雄，但前者英多於雄，而後者則雄過於英，劉劭認為這是劉勝項敗的分際所在。項羽雖膽力過人，但英分偏少，英分偏少則對只在萌發階段的事（即「明能見機」的「機」，或作「幾」），洞悉不足，用現代語言說，即欠缺敏感度。所以鴻門宴上，范增等因早已察覺劉邦的異心（亦即「反骨」）而主張誅之，表面是因項羽心軟，實際是他對「幾微」之事洞察力弱，最終放虎歸山。理論上，英才能賞識另一英才，但項羽卻連謀士范增也留不住。相反，劉邦四處網羅人才，張良、陳平等具英才的謀士，為他出謀獻策，效其耿耿之忠，最佳解釋，實出於他們自覺得到賞識和認同的心理。張、陳為英才，能識英才者，英才也，由此可知，劉邦「英」分甚高，而這就是劉邦過人之處。所以，文中雖以劉、項俱為英雄，但在最嚴格意義下，只有劉邦是英雄。

最後，十分值得注意的，就是劉劭並沒有將道德的向度，納入對「英」、「雄」以及「英雄」的整個分析中，或許這反映了在他心中，英雄雖高，亦為兼才，但其層次尚未能與聖人看齊之故。〈九徵〉篇提過，「偏才」之上為「兼才」，「兼才」之上則還有「兼德」，以此為據，或許我們得出一條類似數學方程式的結論，把「英雄」重新定義為：

「英雄」=「兼德」—道德

不過，這點溢出了本文範圍，就不在此詳細討論了。

夫草之精秀者為英[1]，獸之特群者為雄[2]。故人之文武茂異[3]，取名於此。是故聰明秀出謂之英[4]，膽力過人謂之雄，此其大體之別名也。若校其分數[5]，則互相須，各以二分[6]，取彼一分，然後乃成。

注釋

1 精秀：完美優異。

2 特：傑出，異常。

3 茂異：出眾。

4 秀出：美好特出。《國語・齊語》：「於子之鄉，有拳勇股肱之力，秀出於眾者，有則以告，有而不以告，謂之蔽賢。」

5 校其分數：考查他們的比例。校，考查，算計。分數，比例。

6 二分：分成兩部分。

譯文

花草中完美優異的稱為英，野獸中出群的稱為雄。所以文武才幹出群的人，從此中取名為英雄。所以特別聰明秀出的人稱為英，膽力過人的人稱為雄，這是名稱大體上的區別。如果考察它們的比例，則二者互相須要，各自分為兩部分，互相取一部分，然後才成為英雄。

賞析與點評

本節開宗明義，認為要了解「英雄」的真義，要先對其作初步的概念分析。劉劭首先運用「詞源分析法」（etymology），指出「英雄」之名，是從草木禽獸之精英，透過類比法而獲得。

繼而將「英雄」一詞一析為二，每部分復可再細分，總共得出四個概念。將這四個概念以不同因素加以組合，就可得出「英」與「雄」的概念，將後兩者合併，便可了解何謂「英雄」。「英雄」之名，來自草木，「英」原指草木中最精粹者，而「雄」則指獸類中具有超拔的領導地位者，有「鶴立雞群」之意。將「精粹」與「超拔」兩個概念，轉而用在人身，則人中之「英雄」，便順理成章具有了「精粹」「超拔」的概念內涵。

經第一步詞源分析法後，接下來就是要走進概念內部作概念分析。所謂「英」有兩個相關含意，即「聰」與「明」，而「雄」也一樣，二分後為「膽」與「力」（此四概念，下節有進一步的釐清）。但劉劭強調，上述的是一般的分析法，我權稱之為「靜態分析法」，「靜態」是因為劉劭指出「英」分與「雄」分相加並不就等如「英雄」。「靜態」是與「動態」相對，我權稱之為「動態分析法」的，是強調要待「英」中有「雄」分，「雄」中有「英」分，才可稱之為「英雄」，依此，「英」與「雄」兩者，具有互動關係，亦即兩者互相補足，互相交流之意。

那麼，「英」與「雄」各可二分，向對方取多少分才可成就「英雄」呢？劉劭連這點也有談到，就是「取彼一分」，意即向對方只取一分，例如，「英」從「雄」的「膽」與「力」二分，只取一分（如「膽」），則可成「英雄」。若然如此，我們可進一步追問，取去不同的成分會否導致不同的「英雄」型態？答案是當然如此，這亦是下節要探討的問題。

何以論其然[1]？夫聰明者英之分也，不得雄之膽，則說不行[2]。膽力者雄之分也，不得英之智，則事不立。是故英以其聰謀始，以其明見機[3]，待雄之膽行之。雄以其力服眾，以其勇排難，待英之智成之。然後乃能各濟其所長也[4]。若聰能謀始，而明不見機，乃可以坐論[5]，而不可以處事。若聰能謀始，明能見機，而勇不能行，可以循常[6]，而不可以慮變[7]。若力能過人，而勇不能行，可以為力人[8]，未可以為先登[9]。力能過人，勇能行之，而智不能斷事，可以為先登，未足以為將帥。必聰能謀始，明能見機，膽能決之，然後可以為英，張良是也。氣力過人，勇能行之，智足斷事，乃可以為雄，韓信是也。體分不同[10]，以多為目[11]，故英、雄異名。然皆偏至之材，人臣之任也。故英可以為相，雄可以為將，若一人之身兼有英、雄，則能長世，高祖、項羽是也[12]。

注釋

1 然：這樣。
2 說：主張，學說。
3 見機：識機微，從事物細微的變化中預見其先兆。
4 濟：發揮。

5 坐論：坐而論道。

6 循常：遵循常規。

7 慮變：思慮變化。

8 力人：力氣大的人。《左傳・宣公十五年》：「魏顆敗秦師於輔氏，獲杜回，秦之力人也。」

9 先登：先鋒。《後漢書・段熲傳》：「追討南度河，使軍吏田晏、夏育募先登。」

10 體分：秉賦和素質。

11 以多為目：以所含較多的秉賦和素質為名稱。目，名稱。《後漢書・酷吏・王吉傳》：「凡殺人皆磔屍車上，隨其罪目，宣示屬縣。」李賢注：「目，罪名也。」

12 高祖：即劉邦，廟號高祖，又稱高皇帝。字季，泗水沛縣（今江蘇境內）人，曾任亭長。秦末率眾起義，稱沛公。乘項羽與秦軍主力決戰之機，率先進入關中，攻佔秦都咸陽，與關中父老約法三章，深得民心。項羽入關後，被封為漢王，進駐漢中。後率兵東進，與項羽進行長達四年多的楚漢戰爭，最後消滅項羽，建立漢朝。在位期間減輕傜役，發展經濟。政治上剪除異姓諸侯王，分封同姓王。豁達大度，知人善任，是西漢王朝的開國皇帝。項羽：即項籍，秦末下相（今江蘇宿遷西南）人，戰國末年楚國名將項燕後裔。從叔父項梁居吳，心懷反秦大志。秦末與叔父率兵起義，在巨鹿破釜沉舟，與秦軍主力展開大戰，坑殺秦降卒二十萬。後率軍入關，兵屠咸陽，殺秦降王子嬰，焚毀秦宮殿。自立為西楚霸王，分封諸侯。不久諸侯紛紛起兵，與劉邦一起反楚。最後在垓下被劉邦軍打敗，突圍至烏江自刎而死。

譯文

為甚麼這麼說呢？聰明是英才所具有的素質成分，但得不到雄才的膽力，則他的理論和主張就不能付諸實踐。膽力是雄才所具有的素質成分，但得不到英才的智慧，則事情就辦不成。所以英才以其聰明謀劃開始，以其明智識機微預世事，還需要有雄才的膽力去實踐。雄才用他的力量征服眾人，用他的勇氣排除困難，還要有英才的智謀才能成功。這樣才能夠各自發揮他們的長處。如果一個人以聰明能謀劃開始，而其明智不足以從事物細微的變化中預見其先兆，這樣的人可以用他來坐而論道，卻不可以用他去辦事。如果一個人以聰明能謀劃開始，明智也能識機微預世事，但沒有勇氣去實踐，這樣的人可以用他做常規的事，而不能用他思慮變化。如果一個人力量超人，而沒有行動的勇氣，這樣的人可以把他作為大力士，卻不可以用他做先鋒。如果一個人有超人的力氣，也有行動的勇氣，但沒有處理事務的智慧，這樣的人可以用他做先鋒，卻不可以任他為將帥。一定要以聰明能謀劃開始，明智能識機微預世事，膽力能決斷事務，這樣的人可以稱為英才，張良就是這樣的人。氣力過人，有實踐的勇氣，有足以決斷事務的智謀，才可以稱為雄才，韓信就是這樣的人。人們所具有的稟賦和素質不同，以所含較多的秉賦和素質為名稱，所以有英才和雄才名稱的不同。然而他們都是偏至之才，只能擔當人臣之任。所以英才可以任宰相，雄才可以任將軍，如果一個人同時兼有英才和雄才的素質，就能夠稱雄於世，高祖劉邦、楚霸王項羽就是這樣的人。

賞析與點評

承接上節，本節談的是「英」與「雄」兩種人傑的因素，以不同方式互動會產生甚麼型態的人才出來。在未正式就此點作出討論前，劉劭解釋了為甚麼「英」與「雄」需要互相補足。一個「英」才，即使聰明有加，提出高深精彩的理論，以解決當前的困境，但若缺乏「膽色」，何以能付諸實踐？讀者生長在今天的社會，對此道理相信不會陌生，打個比方，一個汽車推銷員，即使其所屬公司擁有的車隊，由款式到安全再到實用性及車價，都具絕對競爭優勢，但他卻天生膽怯，對着陌生的顧客，連一句推銷的話也不敢説，恐怕一年下來，一宗生意也做不成。同理，一個具有「膽色」的「雄」才，做事只會唯膽是問，沒有「英」才的智慧加以導引，恐怕就如沒有導航的飛機，最終只得機毀人亡的下場。

有了上述的認識，劉劭接着討論了不同因素的組合，會得出四加二再加二共八種人才。此話怎說？頭四種人才，在「聰」、「明」、「膽」、「力」及四者所衍生的「勇」、「智」共六個維度上，所得者少而所失者多，因而成為偏才中的最低層級。繼後兩種人才，得者較多而失者較少，因而成為偏才中的較高層級。頭四者劉劭沒有提供歷史人物的例子，後二者則分別為張良與韓信。最後二種人才堪稱為人才中的人才，因為他們在六個維度上，得者最多，失者最少，因此為人中之龍，可以為君，代表人物就是能成大業的漢高祖劉邦，與力拔山兮氣蓋世的豪傑人物項羽。前六種人物，即使有強如張良韓信，但礙於成分不足，始終屬偏才一類，既屬偏才，就不足以獨當一面，只適合作為人臣。後二者，亦即劉邦與項羽，以其兼才之姿，皆一時無兩的俊傑，就適合當人上之人了。

然英之分以多於雄，而英不可以少也。英分少，則智者去之。故項羽氣力蓋世，明能合變[1]，而不能聽採奇異，有一范增不用[2]，是以陳平之徒皆亡歸。高祖英分多，故群雄服之，英材歸之，兩得其用。故能吞秦破楚，宅有天下[3]。然則英、雄多少[4]，能自勝之數也[5]。徒英而不雄，則雄材不服也。徒雄而不英，則智者不歸往也。故雄能得雄，不能得英。英能得英，不能得雄。故一人之身，兼有英、雄，乃能役英與雄。能役英與雄，故能成大業也。

注釋

1 合變：與變化合拍，即隨機應變。

2 范增：秦末居巢（今安徽桐城南）人，參加項梁反秦武裝，主張立楚國後裔以為號召，隨宋義、項羽救趙，被項羽尊為「亞父」，封歷陽侯，為項羽重要謀士。破秦後，力主殺掉劉邦，不被採納。後與項羽謀議封劉邦為漢王，以削弱其勢。楚漢相爭中，勸項羽不受劉邦請和，急攻滎陽以滅之。後因劉邦施反間計為項羽所疑，被削職奪權，死於歸鄉途中。

3 宅有天下：把天下作為自己的家，即擁有天下。

4 英、雄多少：英才的素質與成分和雄才的素質與成分的多少。

5 自勝之數：決定取勝的數量。自，由來，緣由。《中庸》：「知遠之近，知風之自，知微之顯，可與入德矣。」鄭玄注：「自，謂所從來也。」

譯文

然而英才的素質與成分可以多於雄才的素質與成分，但英才的素質與成分是不可以缺少的。缺少英才成分，則智者會離開他。所以項羽氣力蓋世，有隨機應變的明智，但不能聽取採納奇計妙策，有一個范增而不能用，所以陳平等人全都脫離他而歸順劉邦。高祖劉邦英才的成分多，所以群雄都服膺他，英才也歸順他，兩種人都能夠發揮作用。所以劉邦能夠滅秦破楚，具有天下。這就說明英才的素質與成分和雄才的素質與成分的多少是決定能否取勝的數量。只有英才素質而沒有雄才成分，則雄才不會服膺他。只有雄才素質而沒有英才成分，則智者也不會歸順他。所以雄才之人可以得到雄才，不能得到英才。英才之人可以得到英才，不能得到雄才。所以一個人的身上，兼有英才和雄才的素質與成分，才能夠役使英才與雄才。能夠役使英才與雄才，所以能成就大業。

賞析與點評

劉、項二人代表着其身處時代最傑出的英雄，雖說一山不能藏二虎，但為甚麼曲終人散時，只有劉邦留下來，而項羽卻英雄氣短呢？本節就是針對此點作出解釋，指出「英、雄多少，能自勝之數」是其關鍵所在，亦即致勝之「數」，與「英」分與「雄」分的多少比例有莫大關係。

首先，正如前文所言，「英」分與「雄」分皆是「英雄」的充分而必要條件，亦即「有之必可，無之則必不可」。但同為「英雄」仍可分「英多雄少」，還是「雄多英少」兩種。劉邦就是前者的代表，其「英」才意味他具策略性思考的「聰」，讓他制定長遠的致勝計劃；其「明」為他點亮隱而未現的契機；其「智」又令他迅速作出令敵人致命的決定；其「雄」才之「勇」與「膽」，則助他化紙上之兵為陣中之將，把深謀大略落實為敗敵的痛擊。相比項羽，「力足以拔山河」，「雄」則至矣盡矣，但「英」分卻遠為不足，最後，一代霸主，「時不利兮騅不逝」，飲恨烏江，可憐復可悲！

八觀第九

本篇導讀——

不少人認為《人物志》最有實用價值的地方，在它提出的各種觀人之法，其分析不獨鞭闢入裏，所建立的分析體系環環相扣，各項觀點互相印證，互為參考，簡直就是一個龐大的網絡結構。能將此實用價值體現最深刻最透徹的，莫過於本章，文中提出八種觀人之法，雖有本於先賢，[1]而又先凝結成〈九徵〉篇的由徵神（外表、言行、舉止）以觀人格的理論於前，補充於〈七繆〉、〈釋爭〉等篇於後，但相比之下，本章較上述諸論更具體之處，在於本章的分析往往落實到真實的場景，以逼現人物在深層中的人格、才能、情感、意志、氣質、個性、動機等

1 《逸周書》〈官人解〉提出觀誠、考言、聽聲、察色、觀隱、揆德的知人法；《呂氏春秋》〈論人〉提出人觀、六驗、六戚、四隱的知人法；諸葛亮亦有所謂七種觀人之道。

等，其分析真是繁富多姿、漪歟盛哉。

總括而言，觀察一個人，得看這個人的善惡、情感、聲譽、品質、行事動機、愛敬對象、慾望、缺點和聰慧來判斷其高下，以致決定他能否擔當大任。本章是全書最長的一篇，但劉劭沒有浪費筆墨，甫始即呈列八觀的清單，其後逐一詳細討論。

八觀者，一曰觀其奪救[1]，以明間雜[2]。二曰觀其感變[3]，以審常度。三曰觀其志質[4]，以知其名[5]。四曰觀其所由，以辨依似[6]。五曰觀其愛敬，以知通塞[7]。六曰觀其情機[8]，以辨恕惑[9]。七曰觀其所短，以知其長。八曰觀其聰明，以知所達[10]。

注釋

1 奪救：在救恤別人時所表現的一面。奪，壓倒，勝過。即壓倒救助別人想法的另一面。劉昞在解釋這句話時說：「或慈欲濟恤而吝奪某人，或救濟廣厚而乞醯為惠。」意思說，有的人有慈善的慾望但吝嗇壓倒了他的慈善；有的人想廣泛救濟而向人討要水醋去進行佈施。

2 間雜：複雜。

3 感變：對外界變化的感應。

4 志質：素質及外在表現。

5 名：此指社會名聲。

6 依似：近似。

7 通塞：暢通和阻塞。此指人情的通塞。

8 情機：情感變化的緣起。機，事物變化之所由。《大學》：「一家仁，一國興仁；一家讓，一國興讓；一人貪戾，一國作亂：其機如此。」鄭玄注：「機，發動所由也。」

9 恕惑：寬宥和疑惑。劉昺在解釋這句話時說：「得其所欲則恕，違其所欲則惑。」

10 達：此指所成就的事業。

譯文

八觀，第一為觀察他在救恤別人時所表現的另一面，以此來了解其品質的複雜。第二為觀察他對外界變化的感應，以此來明白他平常處世的態度。第三為觀察他的素質及外在表現，以此來知道他將獲得的社會名聲。第四為觀察他行為表現的緣起，以此來辨別兩種近似行為的區別。第五為觀察他對愛和敬的態度，以此知道他與別人情感交流方面是通暢還是阻塞。第六為觀察他的情感變化的緣起，以此知道他為甚麼對別人寬宥和疑惑。第七為觀察他的短處，以此知道他的長處。第八為觀察他的聰明程度，以此知道他將能成就的事業。

何謂觀其奪救，以明間雜？夫質有至、有違[1]，若至勝違，則惡情奪正，若然而不然[2]。故仁出於慈，有慈而不仁者。仁必有恤，有仁而不恤者。厲必有剛[3]，有厲而不剛者。若夫見可憐則流涕，將分與則吝嗇，是慈而不仁者。睹危急則惻隱，將赴救則畏患，是仁而不恤者。處虛義則色厲，顧利欲則內荏[4]，是厲而不剛者。然則慈而不仁者，則吝奪之也。仁而不恤者，則懼奪之也。厲而不剛者，則欲奪之也。故曰：慈不能勝吝，無必其能仁也[5]。仁不能勝懼，無必其能恤也。厲不能勝欲，無必其能剛也。是故不仁之質勝，則伎力為害器[6]。貪悖之性勝[7]，則強猛為禍梯。亦有善情救惡，不至為害，愛惠分篤[8]，雖傲狎不離[9]，助善著明[10]，雖疾惡無害也。救濟過厚，雖取人，不貪也[11]。是故觀其奪救，而明間雜之情，可得知也。

注釋

1 至：無慾。違：有慾。劉昺在解釋這句話時說：「剛質無欲，所以為至。貪情或勝，所以為違。」

2 若然而不然：即似是而非。劉昺在解釋這句話時說：「以欲勝剛，以此似剛而不剛。」

3 厲：厲害。

4 內荏：內心怯懦。

5 無必：不一定。

6 伎力：技藝和能力。

7 貪悖：貪婪悖謬。

8 愛惠分篤：仁愛慈惠情分深厚。劉昺在解釋這句話時說：「平生結交情厚分深。」

9 傲狎：態度傲慢言語不敬。

10 著明：顯著，明顯。

11 雖取人，不貪也：劉昺在解釋這句話時說：「取人之物以有救濟，雖譏在乞醯，非大貪也。」

譯文

甚麼叫做「觀其奪救，以明間雜」？人的本質有無慾和有慾兩部分，如果無慾多於有慾，就會出現有慾要取代無慾的邪惡情況，形成一種似是而非的現象。所以仁愛處於慈善，但有慈善而不仁愛的現象。仁愛必定包含着救助別人的因素，但有仁愛而不去救助別人的現象。厲害中必定包含着剛強的成分，但有厲害卻不剛強的人。例如見到別人可憐就為之流淚，想把自己的東西分給他卻又吝嗇，這就是慈善而不仁愛。見到別人危急則生惻隱之心，想要去救援卻又害怕自己遭難，這就是有仁愛之心卻無施救之行。處在虛而不實的道義中則面帶嚴厲，看到關係到個人的私利時則心裏懦弱，這就是利害而不剛強。這就是說慈善而不仁愛，是由於吝嗇的本質壓倒了慈善。仁愛而不救助別人，是由於恐懼的本質壓倒了仁愛。厲害而不剛強，是由於慾望戰勝了剛強。所以說：慈善不能戰勝吝嗇，不一定能夠行仁愛。仁愛不能戰勝懼怕遭禍患，不一定能夠救助別人。厲害不能戰勝私慾，不一定表現出剛強。所以人的不仁的本質如果佔上風，那麼技巧和能力就是有害的東西了。貪婪悖謬之性如果佔了上風，那麼剛強勇猛就成為致禍的階梯。也有用慈善的性情救助邪惡的，這種情況也不造成危害。因為仁愛慈惠情分深厚，即使對方態度傲慢言語不敬也不與之分離，救助別人善意明顯，即使有過分憎恨邪惡的行為也沒有害處。救濟別人過於豐厚，即使從別人那裏索取東西，也不算貪婪。所以說觀察一個人在救助別人時表現的一面，其間複雜的情形可以辨明，「觀其奪救，以明間雜」的內含就可以知道了。

賞析與點評

本節所討論的話題，其實屬於道德心理學的範圍。道德心理學的研究領域很廣，其中一項，是人在作出道德抉擇時，其心理質素或當下的心理活動在多大程度上影響了該項抉擇；從相反角度看，心理活動在多大程度上受道德判斷所左右，亦是其所關心的，亦即是說道德與心理兩者的互動程度及方式，都是道德心理學所欲探問的。

劉劭觀察到有些與上述相關而又很有趣的現象，這些現象似乎違反了一般人的觀點。一般人常以為仁愛產生於慈悲，亦即是說有慈悲就有仁愛；又認為有嚴厲之心則會有剛直的品性。所謂有慈悲就有仁愛，或有嚴厲之心則會有剛直的品性，在邏輯上都是一個條件句（conditional statement），其形式是：「若 A，則 B」。條件句的證立完全依賴 A 作為 B 的先決條件，亦即是說有 A 就有 B。但如果有反例出現，則可立即將此條件句否定，亦即是說此條件句不能成立。所謂反例，是指 A 的確出現了，但 B 卻沒有出現。在此情況下，該條件句便可判為不真，或者簡單說，錯了。

劉劭所觀察到的，就是如此，他舉例，有些人一見人有危難便生同情之心，連眼淚也流了出來，很明顯這是他具慈悲心的明證。然而，當要把心中的慈悲化為實際行動時，例如要解囊相助，或要救苦救難時，卻顧左右而言他，充分暴露他吝嗇或怕事的性格。這就是「有慈悲則有仁愛」的反例，適足以否定了一般人的看法。其他相類似的情境，劉劭也舉了一些例子。依他的分析，此中重點是，這個所謂有慈悲之心但卻欠缺仁愛的人，反映了一個可被普遍化的現象。慈悲屬道德層次，而仁愛則屬於心理行為領域，一者內在於心靈的隱蔽處，另一外顯為可觀測的行為。上述的那個人，受到心理慾望的裏挾，放棄了道德對自己的要求，正是一個典型的心理打跨了道德的例子。劉劭警告這可不是光鬧着玩，而是可以構成潛在的危險現象。當不仁愛的心理佔了上風，他能力再強也都一事無成，同理，當貪婪佔了上風，勇猛的性格反而會令此人走上害人害己之路。劉劭由個別例子抽繹出一個普遍化的道理，藉以考察人心中的善惡消長的現象，實足以令讀者深思。

何謂觀其感變，以審常度？夫人厚貌深情，將欲求之，必觀其辭旨[1]，察其應贊[2]。夫觀其辭旨，猶聽音之善醜。察其應贊，猶視知之能否也。故觀辭察應，

足以互相別識。然則論顯揚正[3]，白也[4]；不善言應，玄也[5]；經緯玄白[6]，通也；移易無正[7]，雜也[8]；先識未然，聖也；追思玄事，睿也；見事過人[9]，明也；以明為晦，智也；微忽必識[10]，妙也；美妙不昧，疏也[11]；測之益深，實也；假合炫耀[12]，虛也；自見其美，不足也；不伐其能[13]，有餘也。故曰：凡事不度[14]，必有其故。憂患之色，乏而且荒[15]。疾疢之色[16]，亂而垢雜。喜色愉然以懌，慍色厲然以揚。妒惑之色，冒昧無常。及其動作，蓋並言辭。是故其言甚懌而精色不從者[17]，中有違也。其言有違而精色可信者，辭不敏也[18]。言未發而怒色先見者，意憤溢也。言將發而怒氣送之者，強所不然也。凡此之類，徵見於外，不可奄違[19]。雖欲違之，精色不從。感愕以明[20]，雖變可知。是故觀其感變而常度之情可知。

注釋

1 辭旨：說話的意圖。

2 察其應贊：觀察他的回答是否得當。劉昺在解釋這句話時說：「視發言之旨趣，觀應和之當否。」

3 論顯揚正：論說清楚所提倡的正確。劉昺在解釋這句話時說：「詞顯唱正。」

4 白：明白。

5 玄：心裏明白。劉昺在解釋這句話時說：「默而識之，是曰玄也。」

6 經緯玄白：言辭上、心裏頭都明白。經緯，意為規劃治理。此指掌握運用。

7 移易無正：隨意變動改變觀點，沒有正確的理論。劉昺在解釋這句話時說：「理不一據。」

8 雜：混雜、不清楚。此指語言和意圖。

9 見事過人：認識事物超過別人。

10 微忽必識：極細小的事物也能看到。微忽，極言細小，隱約細微。《大戴禮記・文王官人》：「微忽之言，久而可復，幽間之行，獨而不克，行其亡如其存，曰順信者也。」

11 疏：疏朗。

12 假合炫耀：假借別人的觀點來炫耀自己。

13 不伐其能：不自誇自己的能力。伐，誇耀。

14 不度：不合常規。此指失常。劉昺在解釋這句話時說：「色貌失實，必有憂喜之故。」

15 荒：通「慌」。劉昺在解釋這句話時說：「憂患在心，故行色慌。」

16 疾疢：泛指疾病。

17 精色：即神色。

18 敏：敏捷，迅速。

19 奄違：掩蓋違背。

20 感愕：感覺和驚訝。此指人們由於內心的感受而表現出的神情。

譯文

甚麼叫做「觀其感變，以審常度」？人們往往外表表現得很豐富和充分而把真實感情隱藏得很深，如果要了解他們，必須要觀察他們說話的意圖，觀察他們的回答是否得當。觀察人們說話的意圖，就好像聽聲音的美醜。觀察他們的回答是否得當，就像審視他們智力上是否有能力。所以人們觀察說話和反應，完全可以對彼此的能力進行識別。這就是說論說清楚所提倡的正確，是顯著的明白；而不善於言辭和回應的，是心裏明白；言辭上心裏頭都明白，是通達事理；隨意變動觀點沒有正確的理論，是言語和意圖都不清楚；事物還沒形成就先認識到，是聖賢；追求思索深奧玄妙的道理，是智者；認識事物的能力超過別人，是英明；心裏明白但常表現出不足，是機智；極細小的事物也能看到，是精妙；對美好奇妙的事物昭然明了，是疏朗；越檢測越覺得對方知識淵博，是蘊含富實；假借別人的觀點來炫耀自己，是虛偽；自己展現自己的優點和長處，是不足；不自誇自己的能力，是有餘。所以說：凡是失常的表現和舉動，都是有其內在緣故的。憂患的表情，疲乏而且慌張。疾病的神色，面色雜亂且帶有污垢。喜悅的神色歡愉而快樂，怨恨的表情嚴厲而怒顯。嫉妒疑惑的表情，唐突冒昧變化無常。這些情緒都表現在行動和言語當中。所以當一個人嘴上說快樂而神色與其所說不一致時，其中必有相違背的地方。當他的言論違背真實情感而神色可信時，言辭表達往往不夠敏捷。當他還沒說話卻怒色已經表現出來時，說明他的憤怒之情已經難以抑制。當他將要說話而怒氣伴隨而出時，說明他被迫去做不以為然的事。以上所說的種種情況，都是表徵明顯外露，不能掩蓋。雖然想掩蓋真相，但神色並不相順從。通過人們由於內心的感受而表現出來的神情，即使有所變化也可以知曉其真實的內心。所以說觀察他情感的變化就可以知道他的常度之情。

賞析與點評

觀人甚難，其中一個原因在於人往往把內在真實的情感、心態等，有意無意間隱藏起來，有意則迹近偽裝，無意則多由於現代心理學所謂的自我保護機制使然。本節就是針對這個問題，提出了解決之道。依劉劭之見，要探知他人心意，要看三點：

一、觀其言辭表達；

二、察看他對別人意見或事情變化的情緒反應；

三、比較、對照上述兩者，看看是否具一致性。

首兩點劉劭沒有作清晰的區分，因為所謂反應，很多時候是以語言的表達顯示出來，第三點則有獨立的段落。在這裏我將先綜合討論前兩點，劉劭於此分析了十四種人格。

一、觀其言辭表達：

（1）率真坦白型：發言主旨清晰，內容多弘揚正道；

（2）思考內向型：不善言辭，內心玄奧；

（3）融會貫通型：明辨是非，說理深入淺出；

（4）雜亂無章型：論辯立場搖擺不定，論點東拉西扯；

（5）超凡入聖型：事情只露端倪而竟能測知後事發展的方向；

（6）聰慧睿智型：與前一型相反（但不對立），從眼下之事，揣摩清前因；

（7）洞明世事型：明了世事，深入過人；

（8）大智若愚型：深曉世事但又不會輕率表露；

（9）觀察高妙型：別人微小的舉動或事情微小的變化都逃不出他的法眼；

（10）處事疏通型：事事不昧，掌握通透；
（11）真正實力型：事情發展越深，掌握能力越高，經驗豐富，實力極強；
（12）虛有其表型：表面附和，曲意奉承；
（13）自我吹噓型：到處自誇自讚，但實力不足；
（14）才智有餘型：與前者相反（且亦對立），有實力而重謙厚，不會自誇才能，所以實力多於表面所見，彷彿有餘一樣。

由以上分析可知，一般而言，外表言行應當反映內心，但其實不然，下面第三點將有討論，但在此之前，讓我們看看劉劭從另一角度，對內外互為表裏的分析。

二、察看他對別人意見或事情變化的情緒反應。不少人語調神色非比尋常，劉劭認為必有原委，例如：

（1）滿心憂慮的：惟恍惟惚，神色有異；
（2）患有隱疾的：神色雜亂，蓬頭垢面；
（3）喜事連連的：心情和悦歡暢，舉止輕鬆；
（4）心有忿恨的：怒氣沖沖，疾言厲色；
（5）內心妒忌的：舉止冒失，忽然這樣，忽然那樣。

三、比較、對照上述兩者，看看是否具一致性。

內心所想，口中所說，原則上在外表都有反映，將兩者比較，更有效掌握人心，劉劭又將不相一致的分成四種：

（1）言談表現喜悅，但神情不盡如此的：喜悅必是假裝；

（2）說話自相矛盾，但神態誠懇認真的：表達能力弱而已；

（3）還未說話已怒氣沖沖，殺氣騰騰：已動真怒；

（4）未說話前神態還溫和，但一旦發言即盛怒激昂：強壓怒氣。

無論哪種情況，都顯示了人在情緒波動時必會洩露於神色間，若能觀人於微，又掌握了上述各種分析、歸類等，則能有效觀人，有如按圖索驥。

何謂觀其至質，以知其名[1]？凡偏材之性，二至以上[2]，則至質相發，而令名生矣[3]。是故骨直氣清，則休名生焉[4]。氣清力勁，則烈名生焉。勁智精理[5]，則能名生焉。智直強慤[6]，則任名生焉[7]。集於端質[8]，則令德濟焉[9]。加之學，則文理灼焉。是故觀其所至之多少，而異名之所生可知也。

注釋

1 至質：即前文所說的志質。

2 二至：指本質和氣質。劉昺在解釋這句話時說：「二至，質氣之謂也。」

3 令名：美好的聲譽。《左傳．襄公二十四年》：「僑聞君子長國家者，非無賄之患，而無令名之難。」

4 休名：美好的名聲。

5 勁智精理：智力強勁精通事理。

6 智直強愨：才智美而真誠。劉昺在解釋這句話時說：「真而又美。」

7 任名：可信任的名聲。

8 端質：突出的品質。

9 令德濟焉：美好的品德就形成了。

譯文

甚麼叫做「觀其至質，以知其名」？大凡偏才的秉性，本質和氣質在兩種以上，則會互相影響使其凸顯，美好的聲譽就產生了。所以品質正直氣質清正，就會產生美好的名聲。氣質清正能力強勁，就會產生功業的名聲。智力強勁精通事理，就會產生賢能的名聲。才智美而真誠，就會產生可以承擔責任的名聲。這些突出的品質集中在一起，美好的品德就形成了。再加上學習，那麼他的文化素養就會熠熠生輝。所以說觀察一個人突出的本質和氣質的多少，各種各樣的名聲怎樣產生就可以知道了。

賞析與點評

本節的任務在考察一個人的聲譽，在哪個程度上是受他的志向、氣質等所影響。一個人先天所具的才質與氣質等，若能配上恰當的教育栽培，理論上應有所成就繼而取得名聲。我在全書多處提到，劉劭的「天賦先天決定論」使得他特別重視人的骨體面相，本節中，劉劭沿着他在〈九徵〉篇裏所建立的「生理觀人法」，把幾種生理特徵與名聲對應起來，其內容大致如下：

（1）骨骼挺直而氣質清朗的人：較易獲得善良正直的美名；

（2）氣質清朗而又體力充沛的人：較易獲得健康進取的美名；

（3）聰明過人而又思路清晰的人：較易獲得能力勝人的美名；

（4）智力過人、性格率直而又為人誠懇的人：較易獲得能當大任的美名。

能擁有此四種特質之一二的，已是難能可貴，但如能兼具四種質素的，可稱為品德高尚了。先天質素已經如此，當然是鳳毛麟角，這還不止，若再加以高質素的後天教育，使他知書識禮，學有所成，那麼，他就真是人中之龍了！

何謂觀其所由，以辨依似？夫純訐性違[1]，不能公正。依訐似直[2]，以訐訐善。純宕似流[3]，不能通道。依宕似通[4]，行傲過節[5]。故曰：直者亦訐，訐者亦訐，其訐則同，其所以為訐則異。通者亦宕，宕者亦宕，其宕則同，其所以為宕則異。然則何以別之？直而能溫者[6]，德也。直而好訐者，偏也。訐而不直者，依也。道而能節者[7]，通也。通而時過者[8]，偏也。宕而不節者，依也。偏之與依，志同質違，所謂似是而非也。是故輕諾，似烈而寡信。多易，似能而無效。進銳[9]，似精而去速。訶者[10]，似察而事煩[11]。訐施[12]，似惠而無成[13]。面從，似忠而退違。此似是而非者也。亦有似非而是者。大權[14]，似姦而有功[15]。大智，似愚而內明。博愛，似虛而實厚。正言，似訐而情忠。夫察似明非[16]，御情之反[17]，有似理訟[18]，其實難別也。非天下之至精，其孰能得其實？故聽言信貌，或失其真。詭情御反[19]，或失其賢。賢否之察，實在所依。是故觀其所依，而似類之質可知也。

注釋

1 純訐（粵：竭；普：jié）：專門指責他人的過錯。訐，斥責別人或揭發別人的穩私。

2 依訐似直：出於直率秉性而去指責他人過錯。劉昺在解釋這句話時說：「以直之訐。」

3 純宕：本質氣質都放蕩不羈。

4 依宕：彷彿是放蕩。

5 行傲過節：傲慢不受節制。

6 直而能溫：剛直而能溫和。

7 道而能節：用道義節制自己。劉昺在解釋這句話時說：「以道自節。」

8 通而時過：雖然通曉了事理但已時過境遷。劉昺在解釋這句話時說：「性通時過。」

9 進銳：進取急切。銳，急切，迫切。《漢書・淮南厲王劉長傳》：「於是王銳欲發，乃令官奴入宮中，作皇帝璽。」

10 訶者：大聲斥責別人。

11 似察而事煩：好像明辨事理實際上使事物更加煩亂。

12 **訐施**：假意施與。訐，《說文》解釋說：「詭偽也。」

13 **似惠而無成**：好像是在施惠於人實際上並無結果。

14 **大權**：掌握朝政的權臣。

15 **似奸而有功**：表面看好像奸詐而實際上是有功之臣。劉昺在解釋這句話時，引用殷商時伊尹的歷史故事說：「伊去太甲，以成其功。」

16 **察似明非**：審查類似的事而明辨是非。劉昺在解釋這句話時說：「欲察似類審，則是非御。」

17 **御情之反**：用人情反覆說明。劉昺在解釋這句話時說：「取人情反覆明之。」

18 **理訟**：審理案件。

19 **詭情御反**：對甚麼是虛詐不實的人情把握錯了。

譯文

甚麼叫「觀其所由，以辨依似」？專門指責他人過錯的人性情邪惡，不能公正。出於直率秉性去指責他人的過錯，也用這種方法對待良善。本質氣質都放蕩不羈的人好似流水，不能通曉道理。放蕩不羈的人好像通曉道理，但其行為傲慢不受節制。所以說：直率的人也指責別人的過錯，專好指責別人的人也指責別人的過錯，二者同是指責，但他們指責的行為卻不同。通達的人也放蕩不羈，放蕩的人也放蕩不羈，都是放蕩不羈，但他們的原因是不同的。然而怎樣辨別他們呢？剛直而能溫和，是有道德的人。率直而好指責別人，這種行為為偏。好指責別人本性卻不直率的，這種行為為依。用道義節制自己，這種行為為通曉事理。雖然通曉了事理但已時過境遷，這種行為為偏。放蕩而不節制，這種行為為依。偏和依，表現相同而實質相反，也就是人們所說的似是而非。所以輕易承諾，好像剛直勇決而實質上缺少誠信。常常輕視別人，好像很有能力但卻一事無成。進取急切，好像是很精明能幹但放棄得也很快。大聲斥責別人，好像要明辨事理實際上使事物更加煩亂。假意施與，好像是在施惠於人實際上並無結果。表面順從，好像很忠誠但在下面卻相反。這些都是似是而非的現象。也有似非而是的現象。掌握朝政的權臣，表面看好像奸詐而實際上是有功之臣。有大智慧的人，表面看上去愚鈍而內心清楚。廣施仁愛的人，表現看起來虛浮而實際上厚重。直言相勸的人，表面上看好像是指責實際上是忠誠。審查類似的事而明辨是非，用人情反覆說明之，就好像審理案件，其實是很難辨別的。如果不是天下最精明的人，誰能夠取得其實質性的東西呢？所以說僅僅聽信一個人言論相信事物的表面現象，可能會失去真實的東西。對甚麼是虛詐不實的人情把握錯了，可能會失去賢能的人。對賢能與否的考察，最根本的在於看與之近似的情況。所以說「觀其所依，而似類之質可知」。

賞析與點評

世上正直的人不少，但弄虛作假的人亦多，兩個人同樣罵人甚兇，誰是性情真率，誰是本性歹毒，該如何去辨別呢？又另兩個人，行事作風同樣瀟灑，但會不會其一是真的不羈，但另一則其實是放蕩無恥呢？兩者分際，薄如紙張，若不懂區別，與人交往將會十分不利，更遑論要去作有效的職位任免了。

本節開首所提到的「依似」，指的就是弄虛作假的人，劉劭指出，原來孰真孰假，判斷的關鍵在於人行事之「由」。所謂「由」，王曉毅語譯為「準則」，杜保瑞譯為「緣由」，Shryock 譯為「行事所發之處」(where a man begins)，都不及侯書森與朱傑軍譯之為「動機」清楚。「動機」在內，在內的何以能為我們辨別真偽提供線索呢？劉劭深信，有諸內必形於外，當然那些「依似」必將深層「動機」收藏得很好，但收藏得很好不等於完全不露痕跡，而痕跡就是所謂蛛絲馬跡，對於一個擁有概念工具、兼又時刻提高警覺的人來説，別人眼中的蛛絲彷彿鋼索，馬跡則是車軌，好比一個武林高手，再快的劍在他眼中都只如電影中的慢鏡頭，一切無所遁形。

有些人外表正直，但攻擊人則毫不留情，由此可知，所謂正直，假象而已。又有些人貌似瀟灑，但行事放縱，任性妄為，所謂瀟灑，假象而已。

那麼，有沒有真正正直但仍攻擊別人的人，或者行為有所放肆但仍不失真正瀟灑的呢？劉劭認為有，關鍵是他們在所謂攻擊、放肆之外，有否實質的工作能力，若有，這只顯示他們並非「兼德」之人，偏才而已矣。但偏才也是才，比起那個「依似」仍高了不止一級。

再推而論之，凡輕率地承諾做事的人，多半是「有頭威、無尾陣」；凡輕言事事於他都簡單不過的，最終多一事無成；凡表現進取而不久即放棄的，也難成大事；凡專事批評而又不分大小的，很多時只為大家製造麻煩；凡廣施恩惠地承諾但又最終不加兑現的，只是使詐而已；凡當面順從但卻陽奉陰違的，虛偽的表表者是也。

以上是似是而非之輩，特徵是永遠一事無成，因此不應寵信，不能重用。不過也有相反，亦即似非而是的，與前者很相近，但務須區別開來。

有些人似弄權弄國，但其實是為民為國；有些人表面愚魯，但其實是大智若愚；有些人兼愛眾人而似流於空泛，但其實是在謙讓之間成就別人；有些人處處批評，但其實發於真心，忠言逆耳而已。

總括而言，凡事不應只看表面，否則以忠為奸，以奸為忠，最重要的是要建立一種意識，知道表象不可靠，識人要看動機，以劉劭所舉例子舉一而反三，久而久之，必可準確鑒別真偽。

何謂觀其愛敬，以知通塞？蓋人道之極[1]，莫過愛敬[2]。是故《孝經》以愛為至德[3]，以敬為要道[4]。《易》以感為德[5]，以謙為道。《老子》以無為德[6]，以虛為道。《禮》以敬為本[7]。《樂》以愛為主[8]。然則人情之質，有愛敬之誠，則與道德同體，動獲人心[9]，而道無不通也。然愛不可少於敬。少於敬，則廉節者歸之，而眾人不與[10]。愛多於敬，則雖廉節者不悅，而愛接者死之[11]。何則？敬之為道也，嚴而相離[12]，其勢難久。愛之為道也，情親意厚，深而感物。是故觀其愛敬之誠，而通塞之理可得而知也。

注釋

1 極：頂點。
2 莫過愛敬：劉昺在解釋這句話時說：「愛生於父子，敬立於君臣。」
3 《孝經》：儒家經典之一。多以為孔門後學所撰，宣傳孝道，從漢代起就被推崇，《漢書．藝文志》列為「七經」之一，東漢鄭玄稱《春秋》為大經，《孝經》為大本。今文本十八章，唐玄宗注，宋邢昺疏，收入《十三經注疏》。
4 要道：重要的理論。
5 《易》：即《易經》，又稱《周易》，儒家經典之一，包括《經》和《傳》兩部分。《經》

包括卦、爻、卦辭、爻辭等符號和文字。《傳》又稱《十翼》，是儒家學者對《經》的各種解釋。《易經》以八卦象徵天、地、雷、風、水、火、山、澤等自然萬物，推測自然與社會的變化。今通行本有《周易注疏》，為三國魏王弼、晉韓康伯注，唐孔穎達正義。

6 《老子》：道家著作，又稱《道德經》，相傳為春秋時老聃所作，或謂成書於春秋戰國之際。西漢河上公作《老子章句》八十一章，前三十七章為《道經》，後四十四章為《德經》。一九七三年湖南長沙馬王堆漢墓出土帛書《老子》甲、乙本及《韓非子・解老》都是《德經》在前，《道經》在後。現存注本有西漢河上公《老子章句》，三國魏王弼《老子注》等。

7 《禮》：儒家經典著作，包括《周禮》、《儀禮》、《禮記》。《禮記》是戰國至漢初儒家學者關於各種儀禮論文選集。《儀禮》記載上古的各種禮節儀式，如冠禮、婚禮、士相見禮、鄉飲酒禮、喪禮等。《周禮》記述了先秦的政治經濟制度，但對其成書年代及內容是否真實學界有不同看法。

8 《樂》：既《樂經》，儒家「六經」之一，論述了音樂的起源發展及社會作用。原為三十二篇，秦時亡佚，一部分被編入《禮記》中。

9 動：往往，常常。《三國志・吳書・周瑜傳》：「曹公，豺虎也，然託名漢相，挾天子以征四方，動以朝廷為辭。」

10 與：參與。《禮記．王制》：「五十不從力政，六十不與服戎，七十不與賓客之事。」

11 愛接者死之：接受愛的人甘心為施愛者去死。

12 嚴而相離：嚴肅拘謹互相敬而遠之。劉昺在解釋這句話時說：「動必肅容，過之不久。」

譯文

甚麼叫做「觀其愛敬，以知通塞」？為人之道的頂點，不能超過於愛和敬。所以《孝經》把愛作為最高的道德標準，把敬作為為人之道的重要理論。《易經》以氣感為為人之德，以謙虛為為人之道。《老子》把實施教化沒有固定的方法作為德的準則，把寂寞無為作為眾道之理。《禮經》以敬為為人之本。《樂經》以愛為主導。這說明人情的本質，如果有愛敬的誠意，就會與道德混為一體，經常獲得人心，就沒有走不通的道路。然而愛不可以少於敬。如果愛少於敬，那麼廉潔有氣節的人會歸附他，而大眾則不會與他在一起。如果愛多於敬，那麼雖然廉潔有氣節的人可能不喜歡，但接受愛的人會甘心為施愛者去死。這是為甚麼？如果把敬作為為人之道的標準，人們之間就會嚴肅拘謹互相敬而遠之，相處勢必難以持久。如果把愛作為為人之道的標準，人們之間情親意厚，在人們中間產生深深的感染。

所以說觀察一個人的愛敬的誠意，他為人處事通達與閉塞的道理就可以知道了。

賞析與點評

本節談兩種極重要的道德感情如何影響一個人的成敗際遇。說到際遇，我們往往認為屬於不可掌握的範圍，盡人事後便要聽天命。但劉劭認為，此不盡然，因為一個人對別人「愛」與「敬」的多寡，會直接影響他被人接受的程度。被人接受越深，成功的機會自然越高。

為甚麼這樣說？作為最重要的道德情感，「愛」將自己倒空，把關注力由己身投向他者，因而易於獲取人心。同理，「敬」是以人為尊，情操高尚的人尤其喜歡。不過，由於「敬」必然會突顯人的尊卑分際，所以，一個只敬不愛的人，固然不及只愛不敬的人，就是敬多於愛的人，也不及愛多於敬的人那樣易於一帆風順。因此，有愛有敬而又愛多於敬的人，在世成功的機會最高。

劉劭如此分析，是從客觀效果方面着眼，而不是要求我們「策略性」地去愛去敬，這點不能不察。

何謂觀其情機，以辨恕惑？夫人之情有六機：杼其所欲則喜[1]；不杼其所能則怨；以自伐歷之則惡[2]；以謙損下之則悅；犯其所乏則婟[3]；以惡犯婟則妒；此人性之六機也。夫人情莫不欲遂其志[4]，故烈士樂奮力之功[5]，善士樂督政之訓[6]，能士樂治亂之事，術士樂計策之謀，辯士樂陵訊之辭[7]，貪者樂貨財之積，幸者樂權勢之尤[8]。苟贊其志[9]，則莫不欣然。是所謂杼其所欲則喜也。若不杼其所能，則不獲其志。不獲其志，則戚[10]。是故功力不建，則烈士奮。德行不訓[11]，則正人哀[12]。政亂不治，則能者歎。敵能未弭[13]，則術人思[14]。貨財不積，則貪者憂。權勢不尤，則幸者悲。是所謂不杼其能則怨也[15]。人情莫不欲處前，故惡人之自伐。自伐，皆欲勝之類也。是故自伐其善，則莫不惡也？是所謂自伐歷之則惡也。人情皆欲求勝，故悅人之謙。謙所以下之，下有推與之意，是故人無賢愚，接之以謙，則無不色懌。是所謂以謙下之則悅也。人情皆欲掩其所短，見其所長。是故人駁其所短，似若物冒之[16]。是所謂駁其所乏則婟也。人情陵上者也，陵犯其所惡，雖見憎，未害也。若以長駁短，是所謂以惡犯婟，則妒惡生矣。凡此六機，其歸皆欲處上。是以君子接物，犯而不校[17]。不校，則無不敬下，所以避其害也。小人則不然。既不見機，而欲人之順己，以佯愛敬為見異[18]，以偶邀會為輕[19]，苟犯其機，則深以為怨。是故觀其情機，而賢鄙之志可得而知也。

注釋

1 杼：通「抒」，抒發，申述。《楚辭．九章．惜誦》：「惜誦以致愍兮，發憤以杼情。」王逸注：「杼，渫也。」洪興祖補注：「杜預云『申杼舊意』，然《文選》云『抒情愫』，又曰『抒下情而通諷諭』，其字並從『手』。」

2 歷：越過。《孟子．離婁下》：「禮，朝廷不歷位而相與言，不逾階而相揖也。」

3 媢：忌恨。劉昺在解釋這句話時說：「人皆悅己所長，惡己所短，故稱其所短，則媢戾忿肆。」

4 遂：如願，完成。

5 烈士樂奮力之功：勇猛之士喜歡以勇力立功的環境。劉昺在解釋這句話時說：「遭難而力士奮。」

6 善士：有德之士。《孟子．萬章下》：「一鄉之善士，斯友一鄉之善士；一國之善士，斯友一國之善士；天下之善士，斯友天下之善士；以友天下之善士為未足，又尚論古之人。」督政之訓：政治修明。劉昺在解釋這句話時說：「政修而善士用。」

7 辨士樂陵訊之詞：辯士，能言善辯之士。《管子．禁藏》：「陰內辯士，使圖其計。」陵訊，皇帝垂訊。劉昺在解釋這句話時說：「賓贊而求辯給。」賓贊，指幕僚。唐韓愈《鄆州溪堂詩》：「公暨賓贊，稽經諏律。施用不差，人用不屈。」

8 幸者樂權勢之尤：受寵倖的臣子喜歡當權者有過失。幸者，寵臣。尤，過失，罪愆。《周易・賁》：「匪寇婚媾，終无尤也。」《詩經・小雅・四月》：「廢為殘賊，莫知其尤。」鄭箋：「尤，過也。」劉昺在解釋這句話時說：「權勢之尤，則幸者竊其柄。」

9 苟贊其志：如果推舉他實現志向。贊，推舉，推薦。《禮記・月令》：「（孟夏之月）命太尉，贊桀俊，遂賢良，舉長大。」鄭玄注：「贊，猶出也。」

10 戚：憂愁。劉昺在解釋這句話時說：「憂己才之不展。」

11 德行不訓：不遵從道德行為規範。訓，通「順」，順從，遵循。《尚書・洪範》：「是訓是行，以近天子之光。」孔安國傳：「凡順是行之，則可以近益天子之光明。」漢揚雄《法言・問神》：「或問文，曰『訓』；問武，曰『克』。」李軌注：「訓，順。」

12 正人哀：正人君子哀愁。劉昺在解釋這句話時說：「哀不得行其化。」

13 敵能未弭：敵人的能量沒有消除。弭，消除，止息。

14 思：悲傷，哀愁。《禮記・樂記》：「亡國之音哀以思，其民困。」

15 怨：怨恨，不高興。

16 似若物冒之：感到憤悶好像被東西覆蓋一樣。劉昺在解釋這句話時說：「情之憤悶，有若覆冒。」

17 犯而不校：雖受到冒犯而不去拒絕他。劉昺在解釋這句話時説：「雖或以小犯己，不校拒也。」校，柵欄，引申為拒絕。《墨子・備穴》：「為鐵校，衞穴四。」孫詒讓《墨子閒詁》：「鐵校，蓋鑄鐵為闌校，以禦敵。」

18 以佯愛敬為見異：把別人假裝的愛敬當作對自己特殊的看待。

19 以偶邀會為輕：把別人因遇到自己而相邀看作是對自己的輕視。偶，碰上，遇到。

譯文

甚麼叫做「觀其情機，以辨恕惑」？人的情感或情緒有六種主要的表現：抒發了內心想要表達的東西就欣喜；沒有發揮能力和特長就怨恨；用自我誇耀的方法超越別人就會被厭惡；用謙虛自損的方法處人之下別人就會喜悅；觸犯別人的短處人家就會忌恨；自誇己能犯人所短就會受到妒害；這就是人性中的六種情感或情緒的表現。人之常情沒有不想讓自己的志向如願實現的，所以勇猛之士喜歡以勇力立功的環境，有德之士喜歡政治修明的環境，才能之士喜歡政治混亂的環境，謀略之士喜歡謀劃計策，能言善辯之士喜歡被皇帝垂詢，貪婪的人喜歡積聚錢財，受寵倖的臣子喜歡當權者有過失。如果使他們實現志向，則沒有人不欣然而樂的。這就是所說的抒發了內心想要表達的東西就欣喜。如果不發揮他們的能力，那麼他們就不能得志。不能得志，就會憂愁不已。所以沒有建立功名事業，有雄心壯志的人就會對不能盡其才感到憤怒。不遵從道德行為規範，正人君子就會對沒有實行教化感到哀愁。政局混亂不能治理，有能力的人就會歎息自己的才能沒有被重用。敵人的能量沒有消弭，則謀略之人就會對奇計沒被運用感到哀傷。錢財沒有積累，則貪婪之人就會感到擔憂。權勢之人不犯錯誤，受寵的倖臣就會因不能弄權感到悲哀。這就是所說的沒有發揮能力和特長就怨恨。人之常情沒有不想處在別人前面的，所以對別人的自我誇耀，會感到厭惡。自我誇耀都是想超過別人。所以一個人誇耀自己的長處，沒有人不對他產生厭惡。這就是所說的用自我誇耀的方法超越別人，別人就會厭惡。人之常情都想勝過別人，所以都喜歡別人的謙遜。謙遜所持的態度就是居人之下，居人之下有推讓他人之意，所以人無論賢良還是愚鈍，如果用謙遜的態度對待他，則沒有人不表現出高興的。這就是所說的用謙虛自損的方法處人之下，別人就會喜悅。人之常情全都想把短處掩蓋起來，把長處表現出來。所以反駁別人的短處，就會使他感到憤悶好像被東西覆蓋一樣。這就是所說的觸犯別人的短處，人家就會忌恨。人之常情全都想超過比自己強的人，在超越的時候自我誇耀雖被別人厭惡，但還沒有被別人忌害。如果用自己的長處去反駁別人的短處，這就是所說的自誇己能犯人所短就會受到妒害。凡此六種感情，歸根結底全都是想處在別人之上。所以君子待人接物，雖受到冒犯而不去拒絕他的態度。不拒絕，就不會不敬而下之，所以會避免別人的妒害。小人則不是這樣。他們不明白人性之六機，卻想讓人們順從，他們把別人假裝的愛敬當作對自己特殊的看待，把別人因偶然遇到而相邀看作是對自己的輕視。如果觸犯了他的痛處，他們就會產生深切的怨恨。這就是考察人感情變化的原因，就可以知道他的心志是善美還是卑劣了。

賞析與點評

本節是古代心理學論述的表表者，其中論及有所謂「六機」，指的其實就是六種現代心理學的「心理機制」，是人所面對種種事情時，在心理所產生的相應變化，其本來的作用是要來做心理調整，以應付、適應種種變化，但因往往調整的幅度拿捏不當而引致心理異常。劉劭單憑超乎常人的觀察，便能提出全面而深入的見解，其中部分內容更明顯超越了其身處時代：

（1）慾望得到滿足：歡天喜地；

（2）懷才不遇：怨天尤人；

（3）比輸於人：遷怒於人；

（4）別人謙讓於己：滿心歡欣；

（5）遭人指出弱點：感到被辱；

（6）別人以其強項突顯自己的弱項：懷恨在心。

依劉劭的分析，此六種機制背後的總原則，反映了自己想騎在別人頭上的慾望，本來是人之常情，但若此慾望失落了便會產生怨懟，便是典型的小人無疑。不過，亦有人不甚計較，處處謙讓，則是君子一名。藉助此六種機制，我們就可判斷一個人到底是君子，還是小人。

何謂觀其所短，以知其長？夫偏材之人，皆有所短。故直之失也，訐。剛之失也，厲。和之失也，懦。介之失也[1]，拘[2]。夫直者不訐，無以成其直，既悅其直，不可非其訐，訐也者，直之徵也。剛者不厲，無以濟其剛，既悅其剛，不可非其厲，厲也者，剛之徵也。和者不懦，無以保其和，既悅其和，不可非其懦，懦也者，和之徵也。介者不拘，無以守其介，既悅其介，不可非其拘，拘也者，介之徵也。然有短者，未必能長也。有長者，必以短為徵。是故觀其徵之所短，而其材之所長可知也。

注釋

1 介：指獨特的節操或行為。《孟子・盡心上》：「柳下惠不以三公易其介。」

2 拘：拘泥。劉昺在解釋這句話時說：「拘愚不達事。」

譯文

甚麼叫做「觀其所短，以知其長」？偏才之人的性情，都有他的短處。所以正直引起的過失，在於揭露別人的短處。剛強引出的過失，在於對人嚴厲。溫和引出的過失，在於軟弱。獨特節操引出的過失，在於拘泥。然而剛直而不揭露別人的短處，就不能夠成就其剛直，既然喜歡他的剛直，就不能否定他對別人短處的揭露，揭露別人的短處，是剛直的特徵。剛強而不嚴厲，不能成就其剛強，既然喜歡他的剛強，就不能否定它的嚴厲，嚴厲，是剛強的特徵。溫和而不軟弱，就不能保持他的溫和，既然喜歡他的溫和，就不能否定他的軟弱，軟弱，是溫和的特徵。有獨特節操的人不拘泥，就不能守住他的節操，既然喜歡他的節操，就不能否定他的拘泥，拘泥是獨特節操的特徵。這就是說有短處的，未必能變成長處。有長處的，必定有短處作為特徵。所以觀察其特徵的短處，就能夠知道他才能的長處了。

賞析與點評

本節表現了劉劭的觀察頗有異於常人。一般看法，長處就是長處，短處就是短處。但他認為，一個人的短處，往往很弔詭地反映了他的長處，用社會科學的術語重申，則可說其短處與其長處具「正相關」關係。更有趣的，雖然短處能反映長處，但長處不一定就反映其短處，換言之，短處與長處所具有的「正相關」關係，是單向的，亦即是「短→長」而不是「長→短」。還更有趣的，就是長處雖然不「反映」短處，但在偏才而言，其長處卻又每每「引發」他相關的短處。

文中舉了幾個例子，例如一個性格剛強的人，其優點在於正直，正因其正直，所以常會站在道德高地責備別人，甚至使人難堪。此本為缺點，但他之所以有此缺點，正因為他有相關的優點，否則他就不成一個剛強之人。不論如何，劉劭點出了一個常人多忽略了的觀人之法，就是以其短處觀其長處。

何謂觀其聰明，以知所達？夫仁者，德之基也。義者，德之節也[1]。禮者，德之文也[2]。信者，德之固也[3]。智者，德之帥也[4]。夫智出於明。明之於人，

猶晝之待白日，夜之待燭火。其明益盛者[5]，所見及遠。及遠之明難[6]，是故守業勤學，未必及材。材藝精巧，未必及理[7]。理義辯給，未必及智。智能經事，未必及道[8]。道思玄遠，然後乃周[9]。是謂學不及材，材不及理，理不及智，智不及道。道也者，回復變通。是故別而論之，各自獨行，則仁為勝。合而俱用，則明為將。故以明將仁，則無不懷[10]。以明將義，則無不勝。以明將理，則無不通。然則苟無聰明，無以能遂。故好聲而實[11]，不克則恢[12]。好辯而理，不至則煩[13]。好法而思[14]，不深則刻[15]。好術而計，不足則偽[16]。是故鈞材而好學[17]，明者為師。比力而爭，智者為雄。等德而齊，達者稱聖。聖之為稱，明智之極名也。是以觀其聰明，而所達之材可知也。

注釋

1 德之節也：調節道德的東西。劉昺在解釋這句話時說：「制德之所宜也。」意思是把道德調節到合適的程度。

2 德之文也：使道德更美麗的紋飾。劉昺在解釋這句話時說：「禮，德之文理也。」文理即紋理。

3 德之固也：道德所持守、堅持的東西。劉昺在解釋這句話時說：「固，德之所執也。」

4 **德之帥也**：道德中起主導作用的部分。帥，起主導作用的人或事物。《孟子·公孫丑上》：「夫志，氣之帥也。」

5 **其明益盛者**：光明越加盛大。

6 **及遠之明難**：照到遠處的光明是很難做到的。劉昺在解釋這句話時說：「聖人猶有不及。」

7 **理**：深層的道理。劉昺在解釋這句話時說：「因習成巧，淺於至理。」

8 **道**：事物的根本規律。

9 **周**：完備，充足。《左傳·文公三年》：「君子是以知秦穆之為君也，舉人之周也，與人主壹也。」杜預注：「周，備也。」

10 **懷**：歸向。《尚書·皋陶謨》：「安民則惠，黎民懷之。」孔安國傳：「愛則民歸之。」

11 **好聲而實**：喜好名聲而又符合實際。

12 **不克則恢**：不能夠達到就是不合實際。劉昺在解釋這句話時說：「恢迂遠於實。」恢迂即迂闊，不合實際。

13 **不至則煩**：達不到則是煩亂。劉昺在解釋這句話時說：「詞煩而無正理。」

14 **好法而思**：喜好遵循法律而進行思考。

15 不深則刻：達不到深度就屬於刻。刻，形容程度極深。

16 不足則偽：達不到就是詭誣欺詐。

17 均材：素質才能相等。

譯文

甚麼叫做「觀其聰明，以知所達」？仁，是道德的根基。義，是道德的調節器。禮，是使道德更美麗的紋飾。信，是道德所持守和堅持的東西。智，是道德中起主導作用的部分。智從明中產生。明對於人來說，就好像白天依靠太陽而成，黑夜依靠燭火而亮。光明越盛大，所照越遠。然而照到遠處的光明是很難達到的，所以恪守學業勤奮學習，未必能夠成材。才藝精巧，未必能達到深層次的道理。能夠滔滔不絕地講說理義，未必能達到智的程度。有能夠成就事業的智慧，未必能掌握事物的根本規律。掌握了事物的根本規律才能夠思考深遠，然後才能夠辨得完備周全。這就是說學習不如成才深遠，成才不如知理深遠，知理不如有智慧深遠，有智慧不如掌握根本規律深遠。掌握根本規律，才能夠貫通反覆變化的事物。所以如果分別論之，從它們單獨運行的角度，那麼仁是重要的。如果把它們合在一起考慮，明就成為起主導作用的了。所以用明來統率仁，就會沒有人不歸附他。用明來統率義，就會戰無不勝。用明來統率理，就會無所不通。這就是說如果沒有聰明，就失去了通向成功的道路。所以說喜好名聲而又符合實際，如果達不到就是不合實際。喜好言辯而通曉道理，如果達不到就是語言繁冗卻不能切中正理。喜好遵循法律而進行思考，如果達不到深度就是苛刻。喜歡謀略又能謀劃奇計，如果達不到就是詭詐欺詐。所以素質才能相等而又好學，聰明的人為老師。力量相等而互相角鬥，智慧的人為勝者。道德水平相等，通達的人為聖人。聖人的稱呼，是對極端明智的人而言的。所以說觀察其聰明程度，他能夠達到甚麼樣的人才的標準就可以知道了。

賞析與點評

最後一節，劉劭提出了一個似有異於傳統儒家的觀點，儒家的主張是徹底的道德主義，認為一切事物皆應以道德作最高的裁決，所有行事亦必以道德為最終極目的。本節前部分，以類似修辭學中的層遞法，逐級比較，由後天的教育層層上升至「體道」境界。不過，筆鋒一轉，以聰明智慧統帥仁、義、理，以之為行事為人、立身處世要成功的必要條件。那麼，劉劭有沒有自相矛盾呢？總合本節前後，他最終歸結到對「聖人」的定義中，「聖人」就是：具全部智慧而又道德完美之人。

下卷

七繆第十

本篇導讀——

宋代大文豪蘇東坡有言：「人之難知，江海不足以喻其深，山谷不足以配其險，浮雲不足以比其變。」是的，人心叵測，處處假象，其真實性情深於江海，要一睹其真貌，談何容易。《人物志》全書把這個問題和盤托出，從沒有低估它的難度，所以上卷四章從事理論探討，為其後各章建立堅實的基礎，中卷五章從經驗層面落到現實世界，以提出種種觀人的方法。上卷和中卷多由「人之難知」出發，由本章始，從反方向回溯，焦點落在「知人者之難」（請留意不是「知人之難」，坊間有論者有此說，恐謬也），亦即探討觀人的人（例如職場面試時的僱主、人事部經理）常犯的幾種通病。

七繆[1]：一曰察譽有偏頗之繆[2]；二曰接物有愛惡之惑[3]；三曰度心有小大之誤[4]；四曰品質有早晚之疑[5]；五曰變類有同體之嫌[6]；六曰論材有申壓之詭[7]；七曰觀奇有二尤之失[8]。

注釋

1 七繆：鑒別人才時所犯的七種謬誤。繆，紕繆，謬誤。

2 察譽：考察名聲。

3 愛惡之惑：被個人的愛惡所迷惑。劉昺在解釋這句話時說：「或情同忘其惡，或意異忘其善也。」意思是有的因與對方情意相同而忽視了他的惡，有的因與對方情意不同而忽視了他的善。

4 小大：指人的素質中明與智的小大。劉昺在解釋這句話時說：「或小知而無大成，或小暗而無大明。」

5 早晚：指人的智慧發展的早晚。劉昺在解釋這句話時說：「有早智而速成者，有晚智而晚成者。」

6 變類有同體之嫌：分辨人才類別，要在同才異勢之間進行猜測。劉昺在解釋這句話時說：「才同勢均則相競，才同勢傾則相敬。」

7 **申壓之詭**：名聲長消的相反運動。劉昺在解釋這句話時說：「藉富貴則惠施而名申，處貧賤則乞求而名壓。」詭，違背，相反。《管子．四時》：「刑德合於時則生福，詭則生禍。」

8 **二尤**：指尤妙和尤虛。後面文中有論述。

譯文

七繆：第一是考察人的聲譽時會出現偏頗的謬誤；第二是待人接物時會受個人好惡的迷惑；第三是審查心志時會有對其素質中明與智大小判斷的失誤；第四是考察人的素質時會有不知道他的智慧發展早晚的疑惑；第五是分辨人才類別時要在同才異勢之間進行猜測；第六是在評論人才時會有名聲長消的相反運動；第七是觀察奇才時有認識人才尤妙和尤虛的失誤。

賞析與點評

本節結構仿如前章〈八觀〉，甫始即羅列七繆的大綱，餘下部分，逐點推演發揮。

夫採訪之要[1]，不在多少。然徵質不明者[2]，信耳而不敢信目。故人以為是，則心隨而明之。人以為非，則意轉而化之[3]。雖無所嫌，意若不疑[4]。且人察物，亦自有誤。愛憎兼之，其情萬原[5]。不暢其本，胡可必信[6]？是故知人者，以目正耳。不知人者，以耳敗目[7]。故州閭之士[8]，皆譽皆毀，未可為正也。交遊之人譽不三周[9]，未必信是也。夫實厚之士[10]，交遊之間，必每所在肩稱[11]。上等援之[12]，下等推之，苟不能周，必有咎毀[13]。故偏上失下，則其終有毀。偏下失上，則其進不傑[14]。故誠能三周，則為國所利。此正直之交也。故皆合而是[15]，亦有違比[16]。皆合而非，或在其中。若有奇異之材，則非眾所見。而耳所聽采，以多為信[17]。是繆於察譽者也。

注釋

1 採訪：搜求尋訪。

2 徵質：外部特徵與內在品質。

3 意轉而化之：改變自己的看法而發生轉化。劉昺在解釋這句話時說：「信人毀譽，故向之所是，化而為非。」

4 意若不疑：心裏哪能不懷疑。劉昺在解釋這句話時說：「信毀譽者心雖無嫌，意固疑矣。」若，哪。唐李賀《南園》詩之五：「請君暫上凌煙閣，若個書生萬戶侯？」

5 萬原：即萬源。劉昺在解釋這句話時說：「明既不察，加之愛惡是非，是疑豈可勝計？」

6 胡：怎麼。

7 敗目：擾亂觀察。敗，擾亂。《荀子・解蔽》：「其為人也善射而好思，耳目之欲接則敗其思；蚊虻之聲聞則挫其精。」

8 州閭：古代地方基層行政單位。《禮記・曲禮上》：「夫為人子者，三賜不及車馬，故州閭鄉黨稱其孝也。」鄭玄注：「《周禮》二十五家為閭，四閭為族，五族為黨，五黨為州。」此處泛指鄉里。

9 三周：多次做成事情。三，泛指多。周，成就事情。晉干寶《搜神記》卷十三：「魯人弦歌祭祀，穴中無水，每當祭時，灑掃以告，輒有清泉自石間出，足以周事。」

10 實厚：篤實敦厚。

11 每所在肩稱：常常受到所在地方的稱讚。劉昺在解釋這句話時說：「言忠信，行篤敬，雖蠻貊之邦行矣。」意思說即使在少數民族地方也受到稱讚。

12 援：舉薦，提拔。《禮記・儒行》：「其舉賢援能有如此者。」

13 咎毀：即咎悔。毀，同「悔」。

14 傑：突出。

15 皆合而是：全都迎合進行肯定。劉昺在解釋這句話時說：「或違正阿黨，故合而是之。」

16 違比：違背正直，逢迎結黨。

17 以多為信：劉昺在解釋這句話時說：「不能審查其材，但信眾人言也。」

譯文

搜求尋訪人才的關鍵，不在於所聽到的情況多少。然而看不清人的外部特徵與內在品質的人，常常相信耳朵而不相信眼睛。所以當別人以為應該肯定時，他就隨着相信並認為自己觀察得很準。當別人認為應當否定時，他就改變自己的看法而轉向反面。相信別人毀譽的人雖然從內心與之沒有嫌隙，但他聽到別人的毀譽後哪能沒有懷疑。況且人們對事物的觀察，本身也是有不準確的地方。再加上外界愛憎的干擾，所發生的疑惑就更多了。這種觀察從根本上就發生了問題，怎麼能夠必信不疑呢？所以能夠知人的，能用他所看到的去糾正所聽到的。不能知人的，常被所聽到的情況所干擾。所以在鄉里生活的人，一般全都受到讚譽或詆譭，這些未必都是正確的。所交際的人如果不是多次讓他做成事情，就不一定要信任他。篤實敦厚的人，他們與人交際的時候，必定常常受到所在地方的稱譽。上邊的人拔舉他，下邊的人舉薦他，如果他不能夠辦成事情，上下之人必定有所後悔。所以偏重上層而失去了下層的稱譽，那麼其結果必定遭到詆譭。偏重下層而失去了上層的看重，那麼他的進身就不會有突出的地位。所以如果能多次讓他辦成事情，就會對國家有利。這是正直的交往。所以對一個人全都迎合進行肯定，就有違背正直，逢迎結黨的嫌疑。全都合起來否定他，他反而倒有可能是個特立不群的人。如果有奇異的人才，則不是一般人所能發現的。而相信耳朵聽到的情況，是只聽信眾人所言的做法。這是考察人的聲譽時所發生的謬誤。

賞析與點評

劉劭在此以有鑒識力者對比於泛泛之輩，分析他們在面對傳聞輿論時截然不同的態度。前者在參考之餘，會親身考察一番，以檢定傳聞輿論的真偽，劉劭讚他為「用眼的人」；後者則愛聽傳聞，是「用耳的人」，嚴重的更會用耳否定眼睛，亦即樂於放棄自己的觀察，而採用有誤的傳言。驟聽之下，讀者或會覺得奇怪，但身邊例子其實俯拾皆是。傳聞其實是有積極作用的，英文所謂「第三者推薦」（third party recommendation）可為我們作判斷時省下很多的時間與精力。所以劉劭其實並沒有輕率否定它的功能，但他提醒我們，除非社會不同等級的人（他說的是「上等、下等」），都異口同聲對某人讚譽有加，否則傳聞輿論仍不可用。

夫愛善疾惡，人情所常。苟不明質，或疏善、善非[1]。何以論之？夫善非者，雖非猶有所是。以其所是，順己所長，則不自覺情通意親[2]，忽忘其惡。善人雖善，猶有所乏。以其所乏[3]，不明己長[4]。以其所長，輕己所短，則不自知志乖氣違[5]，忽忘其善。是惑於愛惡者也。

注釋

1 疏善：善者被疏遠。善非：不對的被認為是對的。
2 情通意親：感情相通心意親近。
3 以其所乏：因為他（指善美之人）有短處。
4 不明己長：看不清自己的長處。劉昺在解釋這句話時說：「善人一短，與己所長異也。」即分不清善人的短處與自己的長處的區別。
5 志乖氣違：志趣相悖，精神相異。

譯文

熱愛美善疾恨醜惡，這是人的常情。但如果認不清人的本質，可能會疏遠美善、把不對的認為是對的。為甚麼這樣説呢？那些被認為是對的而實際上是不對的人，即使有很多的不對也有對的地方。因為他有對的地方，又與自己所長相合，就會不自覺與之感情相通心意親近，而忽視了他的醜惡之處。善美的人雖有很多長處，但是也有他的短處。因為他有短處，這些短處又與自己的長處不同，便認不清自己的長處。因為善美之人的長處，輕視自己的短處，就會不自覺地與之志趣相悖精神相異，忽略並忘掉了他的美善。這是在審查人才時被自己的喜愛和厭惡所迷惑的情況。

賞析與點評

人的主觀好惡常常會蓋過理性判斷，所謂主觀好惡，大抵指的是所有人都有的價值觀、世界觀、審美觀、道德觀，以至信念、信仰等。諸種觀念有一共同特色，就是具有主觀相對性，亦即某甲以之為美者，某乙或以之為醜。這本是常理，而人會依主觀信念作判斷，亦是人之常情。但這並不等於所謂常理常情，就是真理，就是終極判斷的標準。可惜的是，世人每每只用主觀好惡，凡與己相同的，黨之好之；凡與己相異的，伐之惡之。劉劭指出這是相當危險的判斷原則，因為壞人也有優點，一旦其優點是我們所重視的，那麼，我們便易與之相交，甚至引為知己，最終由知己變為誤己。相反，好人也會有缺點，若其缺點恰巧是我們主觀上的大忌，那麼，我們很容易便會棄如敝履，錯失良朋。

夫精欲深微[1]，質欲懿重[2]，志欲弘大，心欲嗛小[3]。精微，所以入神妙也。懿重，所以崇德宇也[4]。志大，所以戡物任也[5]。心小，所以慎咎悔也。故《詩》詠文王[6]，「小心翼翼」[7]，「不大聲以色」[8]，小心也。「王赫斯怒」[9]，「以對于天下」[10]，志大也。由此論之，心小志大者，聖賢之倫也。心大志大者，豪傑之儁也。心大志小者，傲蕩之類也[11]。心小志小者，拘懦之人也[12]。眾人之察，或陋其心小[13]，或壯其志大[14]，是誤於小大者也[15]。

注釋

1 精：精神。

2 質：素質。懿重：美好厚重。

3 嗛小：謙虛謹慎。嗛，同「謙」。

4 崇德宇：增加氣度。德宇，氣度，器量。《世說新語・賞譽上》：「山濤以下，魏舒以上。」劉孝標注引《晉陽秋》：「濟（即王濟）有人倫鑒識，其雅俗是非，少有優潤，見湛（即王湛）歎服其德宇。」

5 戡物任：能夠擔當重任。戡，同「堪」。

6 文王：即周文王。見前注。

7 小心翼翼：語出《詩經・大雅・大明》：「維此文王，小心翼翼。昭事上帝，聿懷多福。」鄭玄箋：「小心翼翼，恭慎貌。」

8 不大聲以色：語出《詩經・大雅・皇矣》：「帝謂文王：予懷明德，不大聲以色，不長夏以革。」

9 王赫斯怒：語出《詩經・大雅・皇矣》：「王赫斯怒，爰整其旅，以按徂旅，以篤于周祜，以對于天下。」

10 以對于天下：出處同前注。

11 傲蕩：傲慢放蕩。

12 拘懦：拘謹懦弱。

13 陋：鄙視。

14 壯：推崇，贊許。

15 小大：指心志的小大。

譯文

精神要深邃微妙，素質要美好厚重，志向要恢弘遠大，胸襟要謙虛謹慎。精細入微，是達到神奇美妙境界的途徑。美好厚重，是實現增大氣度的手段。志向遠大，是承擔重任的條件。小心謹慎，是防止過失悔恨的方法。所以《詩經》歌頌周文王，「小心翼翼」，「不大聲以色」，這是說他的小心謹慎。「王赫斯怒」，「以對于天下」，這是歌頌他志向遠大。由此而論，心小志大的人，屬於聖賢之類。心大志大的人，是豪傑中的俊秀。心大志小的人，屬於傲慢放蕩之類。心小志小的人，是拘謹懦弱之人。而一般人對人才的觀察，或者鄙視被觀察者的心小，或者贊許被觀察者的心大，這都是由對心志大小的錯誤判斷造成的。

賞析與點評

本節所討論的毛病，稱為「誤於小大」，關鍵詞當然是「小」與「大」。所謂「小」，指的是心細如塵、思考入微及謹小慎微。所謂「大」，意指胸懷大志、志向高遠。兩者都是高尚的情操與美德，文中以周文王為例，展示甚麼是兼具「小」、「大」。

由於「志」和「心」有大有小之別，因而可組成一個具有四個組合的矩陣來：

一、「志」大「心」大：豪傑之士；

二、「志」小「心」小：拘謹懦弱；

三、「志」大「心」小：聖人級數；

四、「志」小「心」大：傲蕩之類。

可惜的是，常人考察別人就每每以「心」小為拘謹懦弱，又誤認傲蕩之類的「心」大為胸懷大志，結果誤判錯判之事甚多。

夫人材不同，成有早晚。有早智而速成者，有晚智而晚成者，有少無智而終無所成者，有少有令材遂為儁器者[1]。四者之理，不可不察。夫幼智之人，材智精達，然其在童髦皆有端緒[2]。故文本辭繁[3]，辯始給口[4]，仁出慈恤[5]，施發過與[6]，慎生畏懼[7]，廉起不取[8]。早智者淺惠而見速[9]，晚成者奇識而舒遲[10]，終暗者並困於不足[11]，遂務者周達而有餘[12]。而眾人之察，不慮其變，是疑於早

晚者也[13]。

注釋

1 **令材**：良才。**雋器**：傑出的人才。

2 **童髦**：兒童時期。髦，古代兒童頭髮下垂至眉的一種髮式。《儀禮・既夕禮》：「既殯，主人說髦。」鄭玄注：「兒生三月，剪髮為鬌，男角女羈，否則男左女右，長大猶為飾存之，謂之髦，所以順父母幼少之心。至此，喪無飾可以去之。髦之形象未聞。」

3 **文本辭繁**：年幼時詞彙多，長大後必有文采。劉昺在解釋這句話時說：「初辭繁者，長必文麗。」

4 **辯始給口**：年幼時口才好，長大後必善於辯論。劉昺在解釋這句話時說：「幼給口者，長必辯論也。」給口，口才好。

5 **仁出慈恤**：年幼時慈善助人，長大後必同情有困難的人。劉昺在解釋這句話時說：「幼慈恤者，長必矜人。」

6 **施發過與**：年幼時常把東西給人，長大後必好施捨給與。劉昺在解釋這句話時說：「幼過與者，長必好施。」

7 慎生畏懼：年幼時膽小，長大後必謹慎。劉昺在解釋這句話時說：「幼多畏者，長必謹慎。」

8 廉起不取：年幼時不隨便要別人東西，長大後必清廉。劉昺在解釋這句話時說：「幼不妄取，長必清廉。」

9 淺惠而見速：看見一點小事就能夠從神態中表現出來。劉昺在解釋這句話時說：「見小事則達其形容。」

10 奇識而舒遲：劉昺在解釋這句話時說：「智雖舒緩，能識其妙。」

11 終暗：終生愚昧糊塗。

12 遂務：事業順利。

13 早晚：指智力發展的早晚。

譯文

人才各不相同，成才有早有晚。有的人因智力發展成熟很早而很快成才，有的人因智力發展成熟很晚而大器晚成，有的人從小沒有智慧而終身沒有成就，有的人從小具備良才而成為佼佼者。這四方面的道理，不可以不審察。從小有智慧的人，才智精明通達，他在兒童時期就會表現出端倪。所以年幼時詞彙多長大後必有文采，年幼時口才好長大後必善於辯論，年幼時慈善助人長大後必同情有困難的人，年幼時常把東西給人長大後必好施捨給與，年幼時膽小長大後必謹慎，年幼時不隨便要別人東西長大後必清廉。智力成熟早的人看見一點小事就能夠從神態中表現出來，大器晚成的人智力雖然舒緩卻能認識精妙，終生愚昧糊塗的人在許多事務上都因才智不足而困窘，事業順利的人諸事通順而遊刃有餘。而一般人對人才的考察，往往不考慮這些變化，這就是在人才智力成熟早晚方面的疑惑。

賞析與點評

與上節把人才分類的方法相似，本節也將人才的早熟遲熟區分成四類：

一、智慧早熟即少年得志；

二、智慧遲熟才大器晚成；

三、少無智慧而終身無成；

四、少有智慧但大器晚成。

四類人各有特點，但常人觀人，只看當時當刻的成就，不明白早熟的天才只佔絕對少數，更多的人是要經時間的洗煉與琢磨，才能成長，而所謂成長，字面義已指向一個動態的過程，不明此義的常人，即使不至於誤以第三類（少無智慧而終身無成）為人才，但至少不懂得欣賞第二及第四類，因而不予發展機會，徒令他們終身遺憾。試想想，倘若西方哲學巨人康德（I. Kant, 一七二四至一八〇四），以五十七歲高齡出版其曠世巨著《純粹理性批判》時，因年齡而受阻，則西方學術史將會徹底改寫。可惜的是，像康德一類的例子不多，年齡歧視的個案卻不少。

夫人情莫不趣名利[1]，避損害。名利之路，在於是得[2]。損害之源，在於非失[3]。故人無賢愚，皆欲使是得在己。能明己是，莫過同體[4]。是以偏材之人，交遊進趨之類[5]，皆親愛同體而譽之，憎惡對反而毀之[6]，序異雜而不尚也[7]。推而論之，無他故焉。夫譽同體，毀對反，所以證彼非而著己是也。至於異雜之人，於彼無益，於己無害，則序而不尚。是故同體之人，常患於過譽，及其名敵[8]，則尠能相下[9]。是故直者性奮，好人行直於人[10]，而不能受人之訐。盡者情露[11]，好人行盡於人[12]，而不能納人之徑[13]。務名者樂人之進趨過人[14]，而不能出陵己之後[15]。是故性同而材傾，則相援而相賴也。性同而勢均，則相競而相害也。此又同體之變也。故或助直而毀直，或與明而毀明，而眾人之察不辨其律理[16]，是嫌於體同也[17]。

注釋

1 趣：趨趕。
2 是得：做得對並有所得。
3 非失：做錯事並有所失。
4 同體：同類人。
5 進趨：追求，求取。
6 對反：對立相反。
7 序異雜而不尚：把異雜之人放在既不憎恨也不推崇的位置上。劉昺在解釋這句話時說：「不與己同，不與己異，則雖不憎，亦不尚之。」
8 名敵：名望相當。
9 尠：同「鮮」。
10 好人行直於人：喜歡行為剛直的人。劉昺在解釋這句話時說：「見人正直，則心好之。」
11 盡者：坦誠直率有甚麼說甚麼。
12 好人行盡於人：喜歡對別人直率盡其所言的人。劉昺在解釋這句話時說：「見人顯露，則心好之。」

13 不能納人之徑：不能接受對自己直率盡其所言。劉昺在解釋這句話時說：「說己徑盡，則違之不納。」

14 樂人之進趨過人：喜歡進趨超過別人的人。

15 不能出陵己之後：不能處在高於自己的人的後面。劉昺在解釋這句話時說：「人陵於己，則忿而不服。」

16 律理：規則和道理。

17 嫌：疑惑。

譯文

人之常情沒有人不趨趕名利，躲避損害的。獲得名利的途徑，在於做得對並有所得。受到損害的原因，在於做錯事而有所失。所以人無論賢能還是愚昧，全都想使自己做得對並有所得。最能了解自己長處的，莫過於與自己同類的人。所以偏才之人，所交際尋求的人，全都是與自己關係親密的同類並稱譽他們，憎惡與自己對立相反的人並詆毀他們，把異雜之人放在既不憎恨也不推崇的位置上。推而論之，沒有其他的原因。稱譽同類的人，詆毀對立相反的人，都是用來證明別人不對而自己是對的。至於與自己既不同類又不對立的異雜之人，對別人沒有益處，對自己沒有害處，則既不憎恨也不崇尚。所以同類之人，常常有過分稱譽的毛病，至於名望相當的人，則很少能夠謙讓。所以剛直的人性情奮發，喜歡行為剛直的人，卻不喜歡讓他指責自己的過失。坦誠直率有甚麼說甚麼的人，喜歡對別人直率盡其所言的人，卻不能接受對自己直率盡其所言。致力於追求名聲的人，喜歡進取超過別人，卻不能處在高於自己的人的後面。所以性情相同而能力差距大，則會互相提舉互相依賴。性情相同而能力均衡，則會互相競爭互相殘害。這又是同類人之間關係的變化。所以有的人扶助正直又詆譭正直，有的人讚譽明智又詆譭明智，而一般人審察人才是不去分辨其中的規則和道理的，這是分辨同類人才方面的疑惑。

賞析與點評

表面上本節與第三節似有重疊處，都是指出黨同伐異的毛病，但其實同中有異，且本節更有所進，道盡為何有時以對方同則黨之，為何有時又會伐之，亦即既黨同伐異，但有時又黨異伐同，究其原因，「私心」二字而已矣。

每個人都想得到別人認同、欣賞，此為人之常情，但細想一下，誰最能了解自己，誰最能賞識自己？難道不是與自己才情氣質價值觀等等都接近的人嗎？所以，遇上這種人，首先必會生出靠近之心，繼而向對方表達仰慕敬佩之意，劉劭認為此中的一個深層動機，是要引起對方給予同等價值的欣賞，同時亦可透過讚揚對方的優點來印證自己也有相同的優點。不過，此中有一條底線，就是自己所讚揚的他者，要與自己有一段距離，若勢均力敵，要做的不是讚揚，而是詆譭譏諷，甚至惡意中傷，原因無他，是懷着現代博弈論所謂的「零和心態」，要在競爭中，務使對方一無所有（即「零」），以使自己獨佔名聲。

這種心態與水平只有一個結果，不能準確評價別人。可惜的是，世人普遍如是，令人扼腕。

夫人所處異勢，勢有申壓。富貴遂達，勢之申也。貧賤窮匱，勢之壓也。上材之人，能行人所不能行。是故達有勞謙之稱[1]，窮有著明之節。中材之人，則隨世損益[2]。是故藉富貴則貨財充於內，施惠周於外。見贍者[3]，求可稱而譽之。見援者，闡小美而大之。雖無異材，猶行成而名立[4]。處貧賤，則欲施而無財，欲援而無勢。親戚不能恤，朋友不見濟。分義不復立[5]，恩愛浸以離[6]。怨望者並至[7]，歸罪者日多。雖無罪尤，猶無故而廢也[8]。故世有侈儉，名由進退[9]。天下皆富，則清貧者雖苦，必無委頓之憂[10]。且有辭施之高[11]，以獲榮名之利。

皆貧，則求假無所告[12]，而有窮乏之患，且生鄙吝之訟[13]。是故鈞材而進有與之者[14]，則體益而茂遂[15]。私理卑抑有累之者[16]，則微降而稍退[17]。而眾人之觀，不理其本，各指其所在，是疑於申壓者也。

注釋

1 勞謙：勤勞謙恭。《周易・謙》：「勞謙，君子有終，吉。」

2 隨世損益：隨着時勢的變化而增減。劉昺在解釋這句話時說：「勢來則益，勢去則損。」

3 見贍者：受到救濟的人。

4 行成而名立：做事成功取得名聲。劉昺在解釋這句話時說：「夫富與貴可不欣哉，乃至無善而行成，無智而名立。」

5 分義不復立：情分不再有。

6 浸：漸漸。

7 怨望：怨恨不滿。

8 無故而廢：無罪而被廢黜。劉昺在解釋這句話時說：「夫貧與賤可不懾哉！乃至無由而生謗，無罪而見廢。」

9 名由進退：世勢決定名聲的高低。劉昺在解釋這句話時說：「行雖在我，而名稱在世，是以良農能稼，未必能穡。」

10 委頓：衰弱，病困。

11 辭施：推辭施與。

12 求假：請求借貸。

13 鄙吝：過分愛惜錢財。北齊顏之推《顏氏家訓·勉學》：「素鄙吝者，欲其觀古人貴義輕財。」

14 鈞材而進有與之者：財富和別人一樣多進而還有人給與。劉昺在解釋這句話時說：「己既自足，復須給賜。」鈞，通「均」。

15 體益而茂遂：名美行成萬事如意。

16 私理卑抑有累之者：自己的管理經營衰弱卑下而又有拖累的人。劉昺在解釋這句話時說：「己既不足，親戚並困。」

17 稍：漸漸。

譯文

人所處的情勢是不同的，情勢有伸張有壓抑。富有顯貴成功發達，這是情勢的伸張。貧下低賤窮困匱乏，這是情勢的壓抑。上等人才，能做人所不能做的事。所以他們顯達時有勤勞謙虛的美稱，窮困時有光明磊落的氣節。中等人才，則隨着時勢的變化而增減。所以他們憑藉富貴地位在家內充滿錢財，在外面遍加施惠。受到他救濟的人，尋求他可稱道的地方而讚美他。受到他提拔的人，把他的小優點加以闡述放大。所以他們雖然沒有特殊的才能，卻仍然能夠做事成功取得名聲。處在貧賤地位的人，則想佈施卻沒有錢財，想提拔人卻沒有權勢。親戚不能受到幫助，朋友不能得到救濟。情分不再有，恩愛漸漸遠離。怨恨不滿者一起到來，問罪者日漸增多。他雖然沒有罪行和過錯，但還是無緣無故地被廢黜。所以時世有張大有減縮，而名聲也因此或高或低。天下人都富有，那麼清貧者雖然貧苦，也一定沒有衰弱病困之憂，而且還有推辭施與的高名，因此獲得榮名之利。如果天下人都貧窮，那麼就會無處請求借貸，因而有窮困貧乏之患，並且會生出過分愛惜錢財的控訴。所以財富和別人一樣多進而還有人給與，則會名美行成萬事如意。自己的管理經營衰弱卑下而又有拖累的人，則會地位慢慢下降漸漸低下。而一般人在觀察這個問題時，不知道這個問題的根本，各自只看到問題的現狀，這是在情勢伸張和壓抑問題上的迷惑。

賞析與點評

人生無常，際遇有別，對各人的成就於是就會產生直接而且巨大的影響。不過對不同的人，影響程度不一，要深入了解，則要看人的不同才質層次。常人觀人，只懂看表象，無法看本質，因此評價人才時便錯誤頻生。

所謂不同層次，指人才其實可分三等：上、中、下。上等人才質優厚，具天縱之資，時利時歪，沒有影響，故不用多談；下等人先天不足，愚昧成性，時利時歪，也沒有影響，所以劉劭連談也不談。本節主要篇幅因此都花在中等人的分析上。

中等人以其才質不差，若時來運到，多會回饋社會，博施濟眾，於是賺得名聲。若時歪運蹇，時不我與，自救也未來得及，何能助人？久而久之，親戚朋友便紛紛起而罵之，繼而摒而棄之，冷之落之。社會經濟較好時，處境猶可，若遇經濟不景、百業蕭條時，必甚坎坷，幾近韓愈〈柳子厚墓誌銘〉名句所言：「落井下石不一引手救」。

由於常人水平偏低，最大受害者，正就是中等之人。

夫清雅之美，著乎形質，察之寡失。失繆之由[1]，恆在二尤。二尤之生，與物

異列[2]。故尤妙之人，含精於內，外無飾姿。尤虛之人，碩言瑰姿[3]，內實乖反。而人之求奇，不可以精微測其玄機，明其異希[4]。或以貌少為不足，或以瑰姿為巨偉，或以直露為虛華，或以巧飾為真實。是以早拔多誤[5]，不如順次[6]。夫順次常度也。苟不察其實，亦焉往而不失？故遺賢而賢有濟[7]，則恨在不早拔[8]。拔奇而奇有敗，則患在不素別[9]。任意而獨繆，則悔在不廣問。廣問而誤己，則怨己不自信。是以驥子發足[10]，眾士乃誤。韓信立功，淮陰乃震[11]。夫豈惡奇而好疑哉！乃尤物不世見[12]，而奇逸美異也。是以張良體弱，而精強為眾智之儁也。荊叔色平[13]，而神勇為眾勇之傑也。然則儁傑者，眾人之尤也。聖人者，眾尤之尤也。其尤彌出者[14]，其道彌遠。故一國之儁，於州為輩[15]，未得為第也[16]。一州之第，於天下為棍[17]。天下之棍，世有優劣[18]。是故眾人之所貴，各貴其出己之尤，而不貴尤之所尤。是故眾人之明，能知輩士之數[19]，而不能知第目之度[20]。輩士之明，能知第目之度，不能識出尤之良也。出尤之人，能知聖人之教，不能究入室之奧也[21]。由是論之，人物之理，妙不可得而窮已。

注釋

1 繆：錯誤，失誤。

2 與物異列：與一般人不同。劉昺在解釋這句話時說：「是故非常人之所見。」

3 碩言瑰姿：言語誇大姿態瑰偉。

4 明其異希：明白他的奇異稀少。劉昺在解釋這句話時說：「其尤奇異，非精不察。」

5 早拔多誤：因提拔成熟較早的人而多生失誤。劉昺在解釋這句話時說：「或以甘羅為早成而用之，於早歲或誤。」

6 順次：按照順序。

7 遺賢而賢有濟：遺漏了賢才而賢才卻有成功的表現。

8 恨：遺憾。

9 素別：預先識別。素，預先。《國語・吳語》：「夫謀，必素見成事焉，而後履之。」

10 驥子發足：良馬奮蹄。此指良才顯示了自己的能力。

11 淮陰：古縣名，秦置，治所在今江蘇淮陰市西南。

12 世見：每代都出現。

13 荊叔：即荊軻。又稱荊卿、慶卿，戰國時衛國人。好讀書擊劍，遊說至燕國，與高漸離、田光友善，後為燕國太子丹門客，受太子丹之託，以獻圖為名，與秦舞陽一起行刺秦王。進入秦王宮後，秦舞陽因膽怯而神色異常，而荊軻卻不動聲色，面帶平靜。

14 彌：越。

15 於州為輩：放到州裏比較。輩，比並，比類。《後漢書·循吏傳序》：「邊鳳、延篤先後為京兆尹，時人以輩前世趙、張。」李賢注：「輩，類也。趙謂趙廣漢，張謂張敞。」

16 第：品第。

17 棖：門樞。

18 世有優劣：每一代英才都不一樣。劉昺在解釋這句話時說：「英人不世繼，是以伊、召、管、齊，應運乃出。」

19 輩士之數：郡國一級人才的數量。劉昺在解釋這句話時說：「眾人明者，粗知郡國出輩之士而已。」

20 第目：品第。

21 入室：學問技藝達到精神的程度。《論語·先進》：「由也，升堂矣，未入於室也。」邢昺疏：「入室為深，顏淵是也；升堂次之，子路是也。」

譯文

清廉高雅的美德，在人的外貌和氣質上有顯著的表現，所以考察起來很少有失誤。考察人才失誤的原因，往往在對尤妙和尤虛的考察上。尤妙和尤虛的產生，與一般人不同。所以說尤妙之人，蘊含精明於內部，外面不修飾自己。尤虛之人，外表言語誇大姿態瑰偉，而內裏實際上正相反。而一般人在尋求奇才時，不能夠精深細微地觀測到其中深奧玄妙的道理，明白奇才的奇異和稀少。有的看其外貌欠佳就認為是不足，有的看其姿容魅力就認為是巨偉，有的把直率坦白看作是華而不實，有的把喬裝粉飾看作是真誠實在。所以與其因提拔成熟較早的人而多生失誤，不如按正常次序選用。按正常次序是選拔人才的常規。如果不考察一個人的實際能力，還能到哪裏找到不失誤的方法呢？所以遺漏了賢才而賢才卻有成功的表現，則會有沒早點提拔他的遺憾。如果選拔了奇才而奇才又不成功，則會有不能事先辨別的憂患。憑主觀意志隨心所欲而產生獨斷專行的錯誤，則會有沒有廣泛徵求意見的後悔。如果廣泛徵求意見了卻又貽誤了自己，就會恨自己沒有自信。所以良材顯示了自己的能力，眾人才感覺到自己不是人才的失誤。韓信立功以後，淮陰地區的百姓才產生震動。這怎能歸咎為人們厭惡奇才喜歡懷疑呢！這是由於突出的人物不是每代都有的，他們奇特超凡與眾不同。所以張良身體柔弱，但他的精明強幹在眾多智者中是出類拔萃的。荊軻神色平和，但他的精神勇氣在眾多的勇士中是傑出的。這就是說俊傑是眾人中突出的人。聖人是這些突出的人中又突出的。他們的優異才能越突出，他們的前途就越遠大。所以一個郡國中的俊傑，放到州裏比較，不見得能進入品第。一州中進入品第的人才，是國家的中樞。國家的中樞人才，每一代也都不一樣。所以一般人所看重的，是看重他比自己突出的才能，而不是看重突出人才中的佼佼者。所以一般人的明智，能夠知道郡國一級人才的數量，但不能知道他們進入品第的程度。郡國人才的明智，能知道進入品級的程度，而不能認識最為突出的良才。最為突出的良才，能夠明白聖人的教誨，但不能明白他的學問技藝為甚麼能達到這樣高的程度。由此論之，關於人才的道理，它的奇妙是不可能認識窮盡的。

賞析與點評

本章要談對兩種罕見「異類」的鑒識，劉劭稱之為「二尤」。「尤」有「尤其如此」的意思，亦即一般人不是如此，唯獨這種稀有人物特別如此。既說「二尤」，即是「異類」也分兩種，一種叫「尤妙」，屬正面人物，另一種「尤虛」，屬負面人物。

「尤妙」之人，天賦奇高，聰慧靈黠，但卻深藏內斂，甚至其貌不揚。常人觀人，只看表象，於是對尤妙之人，容易走眼，有時反而瞧不起他們，以為他們胸無點墨，加以疏遠。孔子所說：「以貌取人，失之子羽」，早有告誡，但常人無知，常常犯錯。

「尤虛」之人剛好相反，儀表堂堂，舉止不凡，吸引眼球，但虛有其表，內裏空空如也，不是包裝，就是喬裝，所以獲得萬千寵愛。

文末劉劭罕有地浩然而歎，所歎者在人才品鑒之道，真是玄奧莫測，窮一生而仍難掌握一二，誠然信然！

效難第十一

本篇導讀——

如果說前篇〈七繆〉剖析的是「知人之難」的主觀限制，那麼本章則應是「知人之難」的客觀困難。所謂「難」有二類：

一、難知之「難」：此為全書不斷反覆申明的，即人心實在難測，外表或外顯的行為與內在的心理、性情等等，往往有極大的落差，沒有伯樂，何來千里馬？

二、知之而無由得效之「難」：即使能準確掌握人心，客觀地評鑒人物，卻並不等如說可以有效提拔人才，事實上，客觀環境的諸種限制實在形形色色，以致伯樂再世，能識千里之馬，亦不一定有機會給此神馬一展所。結果，每每有懷才不遇，終身默默無聞。

由於人心難知，於是在劉劭的「先天決定論」框架下所理解的一般人，由於本身稟賦不足，惟有從外表來胡亂觀人，怎樣胡亂法？未講之前，讀者或有疑惑，劉劭全書處處教人觀人，當中不少難道不是從外表來觀人？要解答此疑竇不難，劉劭所觀之外表，是扣緊他所提出的一整套分析架構來說，由外表所獲得的訊息，要經理論的篩選、過濾、調整、拆解、重組，才可安放進整套分析架構中恰當的位置上。還有，他架構中的每一環節，經互相印證，互為參考（cross-referencing）後，單一外表的訊息，其義便可變得立體，朗現人前。由此可知，其與一般人的觀察，差之毫釐，謬以千里。

劉劭的分析，詳盡而微，鞭闢入裏之外，又感歎不少人才時不我與，一生無人聞問。讀者諸君，若證之於人生、考之於歷史，當會同意，類似情況，不算罕見！

蓋知人之效有二難[1]。有難知之難，有知之而無由得效之難[2]。何謂難知之難？人物精微，能神而明[3]，其道甚難，固難知之難也。是以眾人之察不能盡備。故各自立度[4]，以相觀採[5]。或相其形容，或候其動作[6]，或揆其終始[7]，或揆其儗象[8]，或推其細微，或恐其過誤，或循其所言，或稽其行事[9]。八者遊雜，故其得者少，所失者多。是故必有草創信形之誤[10]，又有居止變化之謬[11]。故其接遇觀人也，隨行信名[12]，失其中情[13]。故淺美揚露[14]，則以為有異。深明沉漠[15]，則以為空虛。分別妙理，則以為離婁[16]。口傳甲乙[17]，則以為義理[18]。

好說是非，則以為臧否。講目成名[19]，則以為人物。平道政事[20]，則以為國體。猶聽有聲之類，名隨其音。夫名非實，用之不效。故曰：名猶口進[21]，而實從事退。中情之人[22]，名不副實[23]，用之有效。故名由眾退，而實從事章[24]。此草創之常失也。故必待居止，然後識之。故居視其所安[25]，達視其所舉，富視其所與，窮視其所為，貧視其所取，然後乃能知賢否。此又已試，非始相也[26]。所以知質，未足以知其略[27]。且天下之人，不可得皆與遊處。或志趣變易，隨物而化。或未至而懸欲[28]，或已至而易顧[29]，或窮約而力行[30]，或得志而從欲[31]。此又居止之所失也。由是論之，能兩得其要，是難知之難。

注釋

1 知人之效：認識人才並取得效果。

2 無由得效：沒有取得成效的途徑。劉昺在解釋這句話時說：「己雖知之，無由得薦。」

3 能神而明：深入他的精神世界進而了解他的才智。劉昺在解釋這句話時說：「欲入其神，而明其智。」

4 各自立度：各自確立自己的標準、角度。劉昺在解釋這句話時說：「以己所能，歷觀眾才。」

5 以相觀採：以此來對人才進行觀察和使用。相，表示一方對另一方採取的動作。《史記．魯仲連鄒陽列傳》：「臣聞明月之珠，夜光之璧，以暗投人於道路，人無不按劍相眄者。」

6 候：觀察。

7 揆：揣度。

8 揆其儗象：揣度擬想的形象。劉昺在解釋這句話時說：「以旨意取人。」

9 稽其行事：考查他做事的效果。劉昺在解釋這句話時說：「以功效取人。」

10 草創信形：草率地相信外表的東西。劉昺在解釋這句話時說：「或色貌取人而行違。」草創，草率。《東觀漢記．光武帝紀》：「時城郭丘墟，掃地更為，帝悔前徙之，草創苟合，未有還人。」

11 居止變化：地位或職位的變化與內心不一致。劉昺在解釋這句話時說：「或身在江海，心存魏闕。」

12 隨行信名：輕易地相信他的行為和名聲。

13 中情：內心的實際情況。

14 淺美揚露：心智膚淺顯揚表露。

15 深明沉漠：心智深邃內心明白而不外露。

16 離婁：古代傳說中的人物，視力極好。

17 口傳甲乙：勉強地分別等級次第。劉昺在解釋這句話時說：「強指物類。」

18 義理：道理。

19 講目成名：勉強地分辨人的賢能和愚昧。

20 平道政事：胡亂談論政事。劉昺在解釋這句話時說：「妄論時事。」

21 名猶口進：名聲通過眾人之嘴而宣揚提升。

22 中情之人：真正的智慧在內心的人。劉昺在解釋這句話時說：「真智在中，眾不能見，故無外名，而有內實。」

23 名不副實：指中情之人的名氣和實際不相符的情況。

24 實從事章：做事效果顯著而名聲彰顯。劉昺在解釋這句話時說：「效立而名章。」章，彰顯。

25 居視其所安：沒當官的時候看他安心於甚麼。居，指賦閒未仕。《文選・補亡詩》：「彼居之子，罔或遊盤。」李善注：「居，謂未仕者，言在家之子。」

26 始相：僅僅憑眼睛看。

27 未足以知其略：劉昺在解釋這句話時說：「略在變通，不可常準。」

28 **未至而懸欲**：志向還沒達到就因慾望的誘惑而改變。懸，誘惑。《文子・守平》：「知養生之和者，即不可懸以利；通內外之符者，不可誘以勢。」

29 **已至而易顧**：已經達到了志向卻又發生了改變。

30 **窮約而力行**：窮困貧賤卻努力行動。窮約，窮困，貧賤。《晏子春秋・諫上五》：「使民飢餓窮約而無告。」

31 **從欲**：縱慾。從，同「縱」。

譯文

認識人才並取得效果有兩個難點。一個是認識人才本身的難處，一個是認識人才而沒有取得成效的途徑的難處。甚麼是認識人才本身的難處呢？人的才智是無形無狀奇異精妙的，能夠深入他的精神世界進而了解他的才智，這本身是一件非常困難的事，所以說認識人才本身就不是容易的事。因此一般人審察人才的方法不可能是徹底完備的。所以各自確立了自己的標準，以此來對人才進行觀察和使用。有的看人的外貌，有的觀察人的舉動，有的揣度他的出發點是否正確，有的揣度對他擬想的形象，有的審察他的細微之處，有的忽略他的過失和錯誤，有的聽取他的言論話語，有的考察他做事的效果。上述八種做法是雜亂沒有系統的，所以在審察任用人才上所得者少，所失者多。所以必然會有草率地相信外表的失誤，也會有所用人才地位或職位的變化與內心不一致的謬誤。因為他交結觀察人才的時候，輕易地相信他的行為和名聲，不掌握他內心的實際情況。所以一個人心智膚淺顯揚表露，卻被認為是異於常人。一個人心智深邃內心明白而不外露，卻被認為是空洞無物。一個人把道理分析得頭頭是道，卻被認為是離婁式的人物。一個人勉強地分別事物的等級次第，卻被認為是精通義理。一個人隨意評論是非，卻被認為是明白善惡。一個人勉強地分辨人的賢能和愚昧，卻被認為是善於知曉人物。一個人胡亂談論政事，卻被認為是國家棟樑。這就好像聽見一類事物的聲音，就根據聲音為之命名一樣。名實不副，就沒有人們預期的效用。所以說：名聲通過眾人之嘴而宣揚提升，而實際卻因為事實而下降。真正的智慧在內心的人，名氣和實際也不相符，但任用他們卻可以取得成效。所以說明因為眾人不認識而減退，但實際卻因做事效果顯著而名聲彰顯。這些都是審察人才草率而常有的失誤。所以說一定要觀察行動，才能認識他的才能。在他沒當官的時候看他安心於甚麼，在他當官以後看他所舉薦的人，在他富裕的時候看他所施與別人的東西多少，在他窘困的時候看他所作所為，在他貧窮的時候看他索取是否正當，通過這一系列觀察然後才能知道他賢能與否。這樣做是通過考驗知人，不是僅僅憑眼睛看。所以了解一個人的本質，還不足以清楚他所採用的方略。況且天下之人，不能夠全部與他們交往相處。有的人志趣改變，隨事物的變化而變化。有的人志向還沒達到就因慾望的誘惑而改變，有的人已經達到了志向卻又發生了改變，有的人處於窮困貧賤卻努力行動，有的人得志後卻縱慾而為。這又是考察人才顧及情況的變化而發生的失誤。由此論之，考察人物既要了解他的性情，又要考查他的變化，兩方面都做到，這就是難以知人的困難。

賞析與點評

一般人的胡亂觀人法，前面已有提到，這裏可就此類觀人法所導致的惡果，再作一點補充。依劉劭的看法，草率觀人會有以下幾種常見情況出現：

一、只要對方張揚外露，不管他思想膚淺，便以他為奇異人才；
二、只要對方沉默寡言，忽視他思想深刻，便以他為胸無點墨；
三、一見對方有點分析力，不管能否驗證，便以他為智力過人；
四、一見對方滔滔雄辯，不理他只是鸚鵡學舌，便以他為深明義理；
五、只要對方判是斷非，便以他為判斷力強；
六、只見對方表達具條理，便以他為人才；

七、只見對方褒貶時政，便以他為治國良才。

正因胡亂觀人有這麼嚴重的後果，劉劭才提出他的「五視法」，務求從多種實際情況中，觀察此人的方式與心態，對他作全面剖析。

何謂無由得效之難？上材已莫知[1]，或所識者在幼賤之中[2]，未達而喪[3]。或所識者未拔而先沒[4]。或曲高和寡，唱不見讚[5]。或身卑力微，言不見亮[6]。或器非時好[7]，不見信貴。或不在其位，無由得拔。或在其位，以有所屈迫[8]。是以良材識真[9]，萬不一遇也。須識真在位[10]，識百不一有也。以位勢值可薦致之[11]，宜十不一合也[12]。或明足識真，有所妨奪[13]，不欲貢薦[14]。或好貢薦，而不能識真。是故知與不知，相與紛亂於總猥之中[15]。實知者，患於不得達效。不知者，亦自以為未識。所謂無由得效之難也。故曰知人之效，有二難。

注釋

1 上材已莫知：劉昺在解釋這句話時說：「已難識知。」

2 幼賤之中：指還沒進身顯達的時候。劉昺在解釋這句話時說：「未及進達。」

3 達：進達。

4 沒：通「歿」，死亡。

5 唱不見讚：所唱不被別人讚賞。

6 亮：相信，信任。《尚書・周官》：「寅亮天地，弼予一人。」孔安國傳：「敬信天地之教，以輔我一人之治。」

7 器非時好：才幹不是當權者所喜歡的。劉昺在解釋這句話時引用漢代的例子說：「竇后方好黃老，儒者何由見進？」

8 屈迫：受壓抑迫害。

9 良材識真：良才遇到真正的賞識者。劉昺在解釋這句話時說：「才能雖良，當遇知己。」

10 須識真在位：等到賞識良才的人在位具有權力。

11 以位勢值可薦致之：因為舉薦者在位有權又正在尋找人才。

12 宜十不一合：大概十個人裏碰不到一個。

13 妨奪：因遇到妨礙而被迫改變。劉昺在解釋這句話時說：「雖識辨賢愚，而屈於方多，故又不欲。」

14 貢薦：薦舉。漢代地方向朝廷推薦人才曰貢。

15 總猥：聚合在一起。

譯文

甚麼叫「無由得效之難」？上等人才已經很難辨識，有的已經識別出來的人才在幼賤時，還沒進身顯達就喪失了性命。有的已經識別出來的人才還沒等到提拔任用就先辭世了。有的曲高和寡，所唱不被別人讚賞。有的位卑力小，所言不被信任。有的所具才幹不被當權者所喜歡，不能夠被信任重視。有的識才者不在其位，沒有提拔人才的權力。有的識才者在其位，但受到壓抑迫害。所以良才遇到真正的賞識者，一萬個人裏也遇不到一個。等到賞識良才的人在位具有權力，一百個人裏也不見得有一個。識才者在位有權又正在尋找人才，大概十個人裏碰不到一個。有的英明足以辨識真才，但因遇到妨礙而被迫改變，不想舉薦人才。有的喜歡舉薦人才，但不能識別真正的人才。所以能夠識別人才和不能夠識別人才，相互交錯紛雜地混在一起。真正能夠認識人才的人，有不在其位不能夠取得識別任用人才效果的憂患。不能夠真正識別人才的人，雖然身在其位但卻不能識別任用人才。這就是所說的「無由得效之難」。所以說認識人才並取得效果，有兩個難點。

賞析與點評

本節所談舉薦人才之七種困難（見「本章導讀」），究其實為兩大類，一類是「適時性」問題，亦即該名人才得被推薦時，本人或推薦人是否還健在，若已歿，則根本無法推薦。第二類則牽涉推薦人的心理質素，此人若生忌才之心，或「階級性」太強，瞧不起對方地位低微，即使知悉其具大才，恐怕都不加推舉，徒令人才淹沒於人海當中。

釋爭第十二

本篇導讀——

全書終於來到最後一章，但當讀者預期劉劭會為全書的體系重新勾勒輪廓時，他忽地轉了話題，由觀人之道談處世之理，彷彿本章可以獨立成篇，成為上、中、下三卷後的壓卷之作，幾乎可作單行本付印。其原因何在？論者少有提及。愚見以為，此中大有道理，可堪細味。

西方世界每論選拔用人的原理，焦點多落在心理分析、情緒管理、智商高下、辦事效率、行事效果、學歷高低，甚至外表儀容等，這些誠然亦為《人物志》所關注，但西方論著往往僅此而已。此中玄機，在於西方人所重視的，為任務之達成，其潛臺詞是一個組織，不管大至國家，中至跨國機構，小至一所中學的學生會，只要相人準確，量才授官，然後各司其職，則一切必上軌道。若生問題，則開會討論，或對組織中的制度、或對組織中的人事，作適度的微調。我這番話當然是一種高度概括，或遭簡化之譏，不過，西方的人才學模型，[1] 其底子與我所描述不會相差太遠。

但人才學始終是關於「人」的學問，有人就會有爭端，就會有衝突。西方的論著當然亦有討論，所以坊間有不少甚麼《如何與苛刻的上司相處》、《辦公室求生術》、《如何不知不覺地左右客人的思維》等等。當中所缺少而恰為《人物志》所深切關注的，就是人才的道德維度。本章題目〈釋爭〉之「爭」，固然是爭端之意，但劉劭的目的，不是在如何避免衝突那麼簡單，其背後有一人生哲學在支撐，古人所謂有所寄託是也。

這套人生哲學，主要本於老子，老子說：「夫惟不爭，故天下莫能與之爭」。能不爭者，君子也；孜孜於爭者，小人也。為甚麼君子可以不爭？難道他不需要物質性的榮華富貴？難道他沒有是非道德觀，以致明明自己對而別人錯時，仍委曲求全？

小人之所以爭，歸根到底，在於小人心中只有「自我」。與人相交，考慮的是對自己有利抑或有害，有利的話，又是大利還是小利。大利者，與之相好；小利者，可有可無；有害者，避之則吉，不能避之，伐之可也。所以小人的計算心特別重，計算的目的，就是「排序」，即

1 我所說的「西方的人才學模型」，不是說那些由西方人專利的思考方式，正如「西醫」，不是專指西人醫生。大量由亞洲人寫的相關書籍，的確是用了此模型為基礎再作發揮。

把世上自己以外的所有人，依其有利程度，排其高下。其心思意念，一行一止，一舉一動，莫不以「我」為先，其他人工具而已。把其他人工具化，就是剝奪其內在價值，否定其人性尊嚴，層層剝落，終至只剩下可被利用的瞬間價值，瞬間過後急急棄之而不足惜。職場上、人生路上，類似小人，多如恆河沙數。

由於眾人的利益，往往有一我權稱為「重疊現象」的情況，亦即某甲與某乙對同一樣事物發生興趣，爭奪遂生。所謂「初則口角，繼而動武」，生動地表達了爭奪升級的必然規律。劉劭在本章中段所說：「怒而害人，亦必矣」，講的就是這個意思。

正是在這種舉世紛爭的情況下，君子才顯得特別可貴。他委曲己身，目的就是要成「全」對方，成就別人；他謙讓恭和，就是要化敵為友。在他心中，不論自我，還是他者，均擁有無可替代的終極價值。猶有甚者，沒有「自我」，只有「他者」，他以「他者」為「自我」，「他者」就是「自我」，「自我」就是「他者」，他者之禍福榮辱，就是自我的禍福榮辱，同理心由是而生，於是我你樊籬被破，「人我合一」。

以晚近新興學科「演化心理學」來分析，小人是演化遲緩的人種，他們直接繼承了上古世代祖先們的基因。前文化世界，古人生活在一充滿敵意的蠻荒環境，資源匱乏，生死旦夕之間。在此情況下，偶然一次成功的狩獵得來的食物，在族群中分享時，你分多一點，就意味我分少一點，相反亦然。久而久之，大家就養成一種「零和心態」，亦即要自己得以果腹，條件就是其他人要飢餓，猶有甚者，即使自己不餓，也要你不飽。小人正是如此，在功利計算的過程中，我們每每發現，即使他們沒有得益，但始終都要別人損失，亦即由損人利己「升格」為損人而不利己，這是常見但甚難明白的現象，但經過「演化心理學」的努力後，此現象才得以破解。那麼，君子者何？在「演化心理學」的框架下，君子其實就是經過累世人類文明的洗禮後，那些已突破「零和心態基因」限制的人，他們不以損人利己作為行事原則，因為他們心中根本無零和心態，他們相信每一場博弈，都可以達到雙贏局面，所以何必去「爭」？

回到本章，文中把人分成三等，此三等人，其性格涇渭分明：

人之三等	以功勞論之	以好勝分之	以嚴寬別之
第一等	無功而自恃有功	愚蠢好勝	律人以嚴，律己以寬
第二等	雖有功但驕傲自滿	薄有資質卻也文也武	律人以嚴，律己亦嚴
第三等	功勞雖大仍謙謙自守	深具賢德仍彬彬待人	律人以寬，律己以嚴

世上以第一等人居多，第二等次之，第三等則僅如鳳毛麟角，亦因此，紛爭衝突，無日無之，同時亦突顯出君子美善之德。君子的謙讓，原本是儒家所提倡的美德，劉劭從老子的「不爭」切入，將道家智慧融匯進儒家理論中，其功在下開魏晉玄學以至宋明理學有關課題，而其標舉德性在人生名利場的首要性，使其論述與西方大異其趣，開闢了人才學嶄新的一頁。

蓋善以不伐為大，賢以自矜為損。是故舜讓於德[1]，而顯義登聞[2]。湯降不遲[3]，而聖敬日躋[4]。郄至上人[5]，而抑下滋甚。王叔好爭[6]，而終於出奔。然則卑讓降下者，茂進之遂路也。矜奮侵陵者，毀塞之險途也。是以君子舉不敢越儀準[7]，志不敢凌軌等，內勤己以自濟[8]，外謙讓以敬懼[9]。是以怨難不在於身，而榮福通於長久也。彼小人則不然。矜功伐能，好以陵人，是以在前者人害之，有功者人毀之，毀敗者人幸之[10]。是故並轡爭先[11]，而不能相奪[12]。兩頓俱折[13]，而為後者所趨。由是論之，爭讓之途，其別明矣。

注釋

1 舜：傳說中的上古帝王，姚姓，名重華，號有虞氏，又稱虞舜。因品德高尚，被推為堯帝的繼承人。但舜自認為德才不夠，讓位於堯的兒子丹朱。然而諸侯朝覲者不到丹朱而到舜處，獄訟者不往丹朱而往舜處，謳歌者不歌頌丹朱而歌頌舜。舜認為這是天意，才繼堯位為帝。

2 顯義登聞：所發揚的正義上達於天。

3 湯降不遲：商湯王受天命應期而降。

4 聖敬日躋：他的聖明使他得到的尊敬與日俱增。

5 郄（粵：隙；普：xì）至：也做郤至，春秋時晉國大夫。在晉楚鄢陵之戰中有功。後居功自傲，生活奢侈，招致怨恨，最後被殺。事見《史記．晉世家》。

6 王叔：春秋時周王室卿士王叔陳生。因自己的地位在伯輿之下，非常氣憤，棄官出走，最後到了晉國。事見《春秋左傳》。

7 儀準：禮法規矩。

8 內勤己以自濟：獨處時自我修養自我完善。內，指獨處時。劉昺在解釋這句話時說：「獨處不敢為非。」

9 外謙讓以敬懼：在外用敬懼的態度謙讓別人。劉昺在解釋這句話時說：「出門如見大賓。」

10 幸：幸災樂禍。

11 並轡：並駕齊驅。

12 相奪：壓倒勝過對方。奪，壓倒，勝過。漢班婕妤《怨歌行》：「常恐秋節至，涼風奪炎熱。」

13 兩頓俱折：雙方都受到了困頓挫敗。劉昺在解釋這句話時說：「中道而斃，後者乘之，譬兔殛犬疲，而田父收其功。」

譯文

具有美好善良品性的人以不自我誇耀為最崇高，懷有賢良美德的人認為驕傲自滿招致損害。所以虞舜謙讓於有德才的人，他所發揚的正義聞達於上天。商湯受天命應期而降，他的聖明使他得到的尊敬與日俱增。郤至地位高高在上，而他對下邊人的壓抑卻更加厲害。王叔喜歡爭競，而終於出奔他國。這説明降低自己謙讓別人，是事業昌盛不斷進取的成功道路。驕傲矜誇恃強凌物，是毀壞聲譽堵塞前途的危險之路。所以君子的行為不敢超越禮法規矩，立志不敢超越正常的軌道，獨處時追求自我修養自我完善，在外時用敬懼的態度謙讓別人。因此怨恨責難就不會招惹到身上，榮耀和幸福就會長久存在。那些小人則不是這樣。他們因功而驕傲以能而自誇，喜歡以此凌駕別人之上，所以當處在前面的時候就有人陷害他，立功的時候就有人詆譭他，遭到毀敗時就有人幸災樂禍。所以當小人們並駕齊驅爭先恐後時，彼此都不能壓倒或戰勝對方。當雙方都受到了挫敗時，後面的人就會乘虛趕上來。由此論之，爭奪和謙讓這兩條道路，差別是很明顯的。

賞析與點評

本節論君子小人在是否爭勝一點上的分別，亦即是在劉劭看來，君子小人縱然有很多相異，但歸根到底，君子以謙讓為其最高德性，而小人則處處爭先，錙銖必較。劉劭以歷史上一正一負的著名人物對舉，說明君子與小人行事作風與人生結局的分別：

		行事作風	人生結局	教訓
正面人物	虞舜	謙遜禪讓	千秋傳誦	謙遜是康莊大道
	商湯	禮待不怠	聲望日隆	
負面人物	郄至	居上欺下	終遭殺身	爭利是自取滅亡
	王叔	爭逐權力	落荒而逃	

　然好勝之人，猶謂不然。以在前為速銳，以處後為留滯，以下眾為卑屈[1]，以躡等為異傑[2]，以讓敵為回辱[3]，以陵上為高厲[4]。是故抗奮遂往[5]，不能自反也[6]。夫以抗遇賢，必見遜下[7]。以抗遇暴，必構敵難[8]。敵難既構，則是非之理必溷而難明。溷而難明，則其與自毀何以異哉！且人之毀己，皆發怨憾而變生釁也[9]。必依託於事，飾成端末[10]。其餘聽者雖不盡信，猶半以為然也。己之校

報[11]，亦又如之。終其所歸，亦各有半，信著於遠近也。然則交氣疾爭者，為易口而自毀也[12]。並辭競說者[13]，為貸手以自毆[14]。為惑繆豈不甚哉！然原其所由，豈有躬自厚責，以致變訟者乎？皆由內恕不足，外望不已[15]。或怨彼輕我，或疾彼勝己。夫我薄而彼輕之，則由我曲而彼直也[16]。我賢而彼不知，則見輕非我咎也。若彼賢而處我前，則我德之未至也。若德鈞而彼先我，則我德之近次也[17]。夫何怨哉！且兩賢未別，則能讓者為雋矣。爭雋未別[18]，則用力者為憊矣[19]。是故藺相如以回車決勝於廉頗[20]，寇恂以不鬥取賢於賈復[21]。物勢之反[22]，乃君子所謂道也。是故君子知屈之可以為伸，故含辱而不辭。知卑讓之可以勝敵，故下之而不疑[23]。及其終極，乃轉禍而為福，屈讎而為友[24]。使怨讎不延於後嗣，而美名宣於無窮。君子之道，豈不裕乎[25]！且君子能受纖微之小嫌，故無變鬥之大訟。小人不能忍小忿之故，終有赫赫之敗辱[26]。怨在微而下之，猶可以為謙德也。變在萌而爭之[27]，則禍成而不救矣。是故陳餘以張耳之變[28]，卒受離身之害[29]；彭寵以朱浮之郤[30]，終有覆亡之禍。禍福之機，可不慎哉！

注釋

1 下眾：處在眾人之下。

2 躡等：勝過同等人。躡，超越，勝過。《晉書・陸機陸雲傳論》：「其詞深而雅，其義博而顯，故足遠超枚馬，高躡王劉，百代文宗，一人而已。」

3 回辱：避讓屈辱。

4 高厲：崇高，高超。

5 抗奮遂往：不顧一切地重複以往的錯誤。抗奮，即亢奮，極度興奮不顧一切。遂往，謂以往的錯誤。晉葛洪《抱朴子・交際》：「風成俗習，莫不逐末流，遁遂往，可慨者也。」

6 自反：自覺返回。

7 必見遜下：必然得到謙讓。

8 必構敵難：必然造成敵對非難。

9 變生亹（粵：尾；普：wěi）：變故的徵兆發生出現。

10 必依託於事，飾成端末：必然會用一件事作為藉口，把詆謗的實質掩飾起來。劉昺在解釋這句話時說：「凡相詆謗，比因事類而飾成之。」

11 校報：回報，報復。

12 易口而自毀：改換用對方的嘴來自我詆謗。劉昺在解釋這句話時說：「已說人之瑕，人亦說己之穢，雖詈人，自取其詈也。」

13 並辭競說：同時用語言互相爭競。

14 貸手以自毆：藉別人的手來打自己。劉昺在解釋這句話時說：「詞忿則力爭，己既毆人，人亦毆己，此其為藉手以自毆。」

15 外望不已：對外埋怨他人不停。

16 我曲而彼直：這裏的意思是我理虧而對方理直，應當受到對方的輕視。劉昺在解釋這句話時說：「曲而見輕，固其宜也。」

17 近次：接近略低。

18 別：差別。

19 僊：劣，壞。

20 藺相如：戰國時趙國人，初為趙國宦者令繆賢舍人，後由繆賢推薦給趙惠文王。秦王得知趙國有和氏璧，假稱願以十五城換之。藺相如奉命帶着玉璧入秦，與秦王鬥智鬥勇，戳穿秦國陰謀，乃完璧歸趙，因功被拜為上大夫。惠文王二十年，秦王、趙王澠池相會，秦王讓趙惠文王為之鼓瑟，以侮辱之。藺相如強令秦王為趙王擊缶，對秦王進行回擊，維護了趙國的尊嚴。因功高被拜為上卿，位在廉頗之上。廉頗不服，欲侮辱藺相如，但藺相如以國家利益為重，多次退讓，終於感動了廉頗，乃親自到藺相如處負荊請罪。廉頗：戰國時趙將，以勇猛善戰聞名。趙惠文王十六年，率軍伐齊，大破齊軍，因功被拜位上將。趙孝成王十五年，與樂乘率軍大破燕軍，迫使燕割五城請和。以功封信平君，為假相國。後因與樂乘不和，奔魏居於大梁。趙國因屢遭秦國逼迫，欲任用廉頗，但因仇者郭開的詆毀，趙王相信廉頗老矣，不再任用。後廉頗入楚，卒於壽春。

21 寇恂：東漢初上谷昌平（今北京昌平東南）人，字子翼。初任郡功曹，新莽敗亡後，勸太守耿況歸順劉秀，被拜為偏將軍。後任河內太守，行大將軍事，保障後勤甚是得力，擊破更始軍立有戰功，後轉任潁川太守，封雍奴侯。歷任汝南太守、執金吾。為東漢初二十八功臣之一。賈復：東漢初南陽冠軍（今河南鄧州西北）人，字君文。新莽末聚眾起兵，自號將軍，後歸附更始政權，又隨從劉秀，戰功卓著。劉秀稱帝後，拜執金吾，封冠軍侯。後遷左將軍，定封膠東侯。知光武帝不欲功臣擁眾於京師，便削除甲兵，敦崇儒學，以此深受賞識。為東漢初二十八功臣之一。當初賈復在汝南的時候，他的部將殺人，被汝南太守寇恂依法處置。賈復深以為恥，說過潁川的時候一定要報復寇恂。寇恂知道後，以天下未定，應以大局為重，巧施妙計，避免了與賈復的直接衝突。事見《後漢書．寇恂傳》。

22 物勢之反：指表面上與實質上效果相反的行動。劉昺在解釋這句話時說：「龍蛇之蟄以存身，尺蠖之屈以求伸，蟲微物耳，尚知蟠屈，況於人乎！」

23 下之：處於他的下面，甘拜下風。

24 屈雠：使仇敵屈服。

25 裕：寬大，寬容。《周易・繫辭下》：「益，德之裕也。」韓康伯注：「能益物者，其德寬大也。」

26 赫赫：顯赫盛大。

27 變在萌而爭之：福禍變化還在萌芽時進行爭競。

28 陳餘：戰國末魏國大梁（今河南開封西北）人，與張耳為刎頸之交。秦末參加反秦起義，與武臣、張耳等人北略趙地，並擁立武臣為王。後與張耳關係破裂。項羽分封時，因覺得分封不公，憤而依附田榮，趕走常山王張耳，迎趙歇為王。漢高帝三年，張耳韓信破趙，陳餘被殺。張耳：戰國末魏國大梁（今河南開封西北）人，少時為信陵君門客，與陳餘俱為當時名士。秦滅魏以後，因受到朝廷的懸賞緝拿，與陳餘改名換姓逃至陳。秦末參加反秦起義，勸陳勝立六國之後，未被採納。後又請兵略趙地，立武臣為趙王。巨鹿之戰後，與陳餘關係惡化。項羽分封諸侯，張耳被封為常山王。後受到陳餘襲擊，投奔劉邦，隨韓信破趙，後被劉邦立為趙王。

29 卒受離身之害：終於遭受自身敗亡後代滅絕的災禍。卒，終於。離身，自身敗亡後代滅絕。

30 彭寵：西漢末南陽宛（今河南南陽）人，字伯通。少為郡吏，更始政權建立後任偏將軍，行漁陽太守事。後歸附劉秀，封建忠侯，賜號大將軍。為劉秀勢力的擴張立有大功，因功高賞薄，心懷不滿，又與幽州牧朱浮不和，於建武二年發兵反，自立為燕王，後被殺。朱浮：東漢初沛國蕭（今安徽蕭縣西北）人，字叔元。新莽末年，隨劉秀起兵，破王郎，拜為大將軍、幽州牧，封武陽侯。與漁陽太守彭寵關係惡化，被彭寵打敗。光武帝愛其才，任為執金吾，徙封父城侯。以後歷任太僕、大司空等職。後因賣弄國恩被免官。因好陵折同僚，明帝永平中被賜死。郤：同「隙」，嫌隙。

譯文

然而爭強好勝之人，卻說不是這樣。他們認為處在眾人之前是迅捷銳利，認為處在眾人之後是停留滯後，認為處在眾人之下是卑微屈服，認為超過同等人是異才英傑，認為謙讓對手是避讓屈辱，認為凌駕人上是崇高超絕。所以他們不顧一切地重複以往的錯誤，不能從錯誤中自覺返回。用對抗的態度對待賢者，必然得到謙讓。抱對抗的態度對待急暴之人，必然造成敵對非難。敵對非難已經造成，則是非的道理必然混沌難以辨明。是非的道理混沌難以辨明，則與自己詆譭自己有甚麼不同！別人詆譭自己，全都因怨恨之氣爆發而變故徵兆發生出現。詆譭之人必然會用一件事作為藉口，把譭謗的實質掩飾起來。其餘的旁聽之人雖然不全部相信他們所說的藉口，還是有一半認為是對的。自己對詆譭者的回擊報復，也像詆譭者那樣。歸根到底，都有一半可信，遠近之人所看所聽都信以為然。這就是說氣憤相交激烈爭鬥，是改換用對方的嘴來自我譭謗。同時用語言互相爭鬥，是藉別人的手來打自己。這種行為不是太荒謬使人不解了嗎！然而追究其所發生的原因，難道深切責備自身的錯誤，能夠引起這種變故爭訟嗎？全都是由於在內寬恕之心不足，對外埋怨他人不停所造成的。或者是由於怨恨對方輕視自己，或者是痛恨對方勝過自己。自己淺薄而對方輕視自己，這是我理虧而對方理直。如果我賢能而對方不知道，則被輕視就不是自己的過錯了。如果對方賢能而位置處在自己前面，則是因為自己的德行還沒達到。如果德行相當而對方在我前面，則是因為自己的德行與他接近略低。這樣有甚麼可怨恨的呢！而且兩個人的賢能沒有差別，那麼能謙讓的就是傑出的人才。兩個人爭搶傑出而不分上下，那麼爭搶用力大的為劣等。所以藺相如因為回車躲避廉頗的羞辱而勝出一籌，寇恂因為避免與賈復爭鬥而獲得賢名。行動的結果在表面上與實質上截然相反，這就是君子所說的道理。君子知道彎曲可以達到伸展的目的，所以忍含屈辱而不推辭。他們知道卑辭謙讓可以勝過對手，所以毫不遲疑地選擇處在下邊的位置。然而等到最終的結果，乃是轉禍為福，使仇人屈服化為朋友。使怨恨仇視不延及後代，而謙讓的美名卻永遠地流傳下去。君子所說的道理，難道不是寬容嗎！而且君子能忍受小小的嫌隙，所以沒有變成大鬥的訟爭。小人不能忍受小小的憤怒，最終招致大大的失敗屈辱。對方怨恨很小的時候甘拜下風，還可以實踐謙遜的美德。福禍變化還在萌芽時就進行爭競，就會釀成無法挽救的大禍。所以陳餘因為與張耳關係的變糟，最終遭受自身敗亡後代滅絕的災禍；彭寵因為與朱浮的矛盾，最終落得被殺的下場。認識福禍轉化發生的緣由，能夠對此不謹慎嗎！

賞析與點評

英國赫赫有名的歷史學家湯因比（Arnold Toynbee，一八八九至一九七五）曾有名言，大意是：人類歷史上最大的教訓，就是人類從未在歷史上吸取任何教訓。真是一針見血，誠為確論！所以史上正負人物的下場，對世人彷彿沒起警誡作用，結果，仍有不少人前仆後繼的，爭相甘作小人。他們目空一切，恃強凌弱，因此，判斷別人高下便顛倒是非，例如，以裝腔作勢者為進取，卻反以禮賢下士者為卑躬屈膝等等。又由於愛好紛爭，滋事尋釁，結果，落在旁人的眼中，自己與那相爭者，一同被瞧不起，如劉劭所說，形同自謗。

小人之所以一蠢至此，深入分析，其實就是缺乏自我反省的意識。人為何會不作反省呢？真正原因，在於人不肯、不願，因而不能面對自我，人一旦面對真正的自我，見其千瘡百孔、衰敗不堪，實不忍卒睹，既然不能卒睹，所以索性不睹。這正好反過來顯示出小人的「自我形象」破碎不堪，所以，凡沒有自省力的人，其實都是自我形象殘破不全的可憐之徒。

君子則相反，深明甘於下風，不急求成，反能獲取最完滿結果的道理。所以戰國時藺相如與廉頗，同為趙國大將，但兩者有爭，藺為免於道上遇廉而生爭執，故掉轉車頭避之，最終感動了廉，兩人復歸和好，歷史就大讚藺之謙讓，使其流芳百世。相反，秦末天下大亂，陳餘、張耳本為知交，但終因爭權而反目成仇，最後張耳把當年好友誅殺，兩人遺臭萬年。本節中，劉劭兩度回溯歷史，印證了君子心胸廣闊，能成己成人之論。

是故君子之求勝也，以推讓為利銳，以自修為棚櫓[1]，靜則閉嘿泯之玄門[2]，動則由恭順之通路[3]。是以戰勝而爭不形[4]，敵服而怨不構。若然者悔吝不存於聲色[5]，夫何顯爭之有哉！彼顯爭者，必自以為賢人，而人以為險詖者[6]。實無險德，則無可毀之義。若信有險德，又何可與訟乎！險而與之訟，是柙兕而攖虎[7]，其可乎？怒而害人，亦必矣。《易》曰：「險而違者訟，訟必有眾起」[8]。《老子》曰：「夫惟不爭，故天下莫能與之爭。」是故君子以爭途之不可由也。

注釋

1 棚：棚閣，即敵樓。《資治通鑒・唐肅宗至德二年》：「賊又以鉤車鉤城上棚閣。」胡三省注：「棚閣者，於城上架木為棚，跳出城外四五尺許，上有屋宇以蔽風雨，戰士居之，以臨禦外敵。今人謂之敵樓。」櫓：很大的盾牌。棚櫓即防禦武器。

2 嘿泯之玄門：寂靜沉默清靜無為的大門。劉昺在解釋這句話時說：「時可以靜，則重閉而玄嘿；時可以動，則履正而後進。」

3 由：遵從。

4 爭不形：不形成爭競。劉昺在解釋這句話時說：「動靜得節，故勝無與爭；爭不以力，故勝功建耳。」

5 悔吝：悔恨。《後漢書・馬援傳》：「出征交趾，土多瘴氣，援與妻子生訣，無悔吝之心。」

6 險詖：陰險邪僻。《詩經・周南・卷耳序》：「內有進賢之志，而無險詖私謁之心。」孔穎達疏：「險詖者，情實不正、譽惡為善之辭也。」

7 柙兕（粵：自；普：sì）：把犀牛關進籠子。攖虎：迫近老虎。攖，迫近。《孟子・盡心下》：「有眾逐虎，虎負嵎，莫之敢攖。」

8 險而違者訟，訟必有眾起：劉昺在解釋這句話時說：「言險而行違，必起眾而成訟矣。」《周易・謙》：「飲食必有訟，訟必有眾起」。這句話與《周易》原話有異。

譯文

所以君子求勝的方法，是把推辭謙讓作為利刃鋭器，把自我修養作為防禦的武器，靜時則關閉寂靜沉默清靜無為的大門，動時則遵從恭敬順從的通衢大路。所以他會取勝而不形成爭競，對手屈服而構不成怨恨。如果是這樣就會臉上連悔恨之色都沒有，怎麼會發生公開的爭競呢！那些公開與人爭競的人，必然是自以為賢能，而別人卻認為是陰險邪僻的人。如果他確實沒有陰險邪僻的品德，則沒有可詆譭的地方。如果確實有陰險邪僻的品德，又何必與他爭論呢！明明是陰險邪僻的人卻與他爭論，就好像把犀牛關進籠中和迫近被逼到絕路上的老虎一樣，這怎麼可以呢？如果這樣，他們就會怒而害人，這是必然的。《周易》說：「言論險惡行動違背常規，必然引起眾人起來和他爭論。」《老子》說：「正是因為不和別人爭，所以天下沒有人能夠與之爭。」所以君子認為爭競之路不可行啊。

賞析與點評

本節進一步論證賢人君子必行謙讓之道，小人奸佞必走上窮途末路，既應驗了《易經》提出的警告，勸人不要爭端，又印證了老子所言，不與人相爭，才能贏盡天下人之心。

是以越俗乘高[1]，獨行於三等之上[2]。何謂三等？大無功而自矜，一等。有功而伐之，二等。功大而不伐，三等。愚而好勝，一等。賢而尚人，二等。賢而能讓，三等。緩己急人[3]，一等。急己急人，二等。急己寬人，三等。凡此數者[4]，皆道之奇[5]，物之變也。三變而後得之，故人莫能及也。夫惟知道通變者[6]，然後能處之。是故孟之反以不伐[7]，獲聖人之譽。管叔以辭賞[8]，受嘉重之賜[9]。夫豈詭遇以求之哉[10]？乃純德自然之所合也。彼君子知自損之為益，故功一而美二[11]。小人不知自益之為損，故一伐而並失。由此論之，則不伐者，伐之也。不爭者，爭之也。讓敵者，勝之也。下眾者，上之也。君子誠能睹爭途之名險，獨乘高於玄路[12]，則光暉煥而日新[13]，德聲倫於古人矣[14]。

注釋

1 **越俗乘高**：超越世俗登至高處。

2 **獨行**：不隨世俗沉浮。

3 **緩己急人**：對己寬鬆對人嚴格。

4 **凡此數者**：所有這幾等。

5 **道之奇**：爭和讓道理的特殊表現。

6 **知道通變**：知道道理通曉變化。

7 **孟之反**：春秋時魯國大夫，名側，字反。魯哀公十一年，魯軍與齊軍戰，大敗，孟側在敗退時走在最後。走到城門時，受到人們讚揚。他卻用鞭子打着馬說：「非敢後也，馬不進也。」事見《論語．雍也》何晏《集解》。

8 **管叔**：西周初人，又稱叔鮮，周初三監之一，周文王之子，武王之弟。武王滅商後被封於管（今河南鄭州），監視武庚及殷遺民。周成王時因不滿周公攝政，與武庚起兵作亂，兵敗被殺。管叔並無辭賞受嘉獎之事，此處管叔疑為三國時的管寧。見《三國志．魏書．管寧傳》及裴松之注。

9 **嘉重**：重重嘉獎。

10 **詭遇以求**：用不正當的手段去求取。劉昺在解釋這句話時說：「豈故不伐辭賞，詭情求名耶？」

11 **功一而美二**：一件事而收到兩種好結果。劉昺在解釋這句話時說：「自損而行成名立。」功，事情，事業。《詩經·豳風·七月》：「嗟我農夫，我稼既同，上入執宮功。」朱熹《集傳》：「功，葺治之事。」

12 **玄路**：脱離世俗玄遠高妙的境界。

13 **煥**：放射光芒。

14 **倫**：類，同。

譯文

所以要超越世俗登至高處，不隨世俗沉浮處在三等之上。甚麼是三等？沒有大功卻自高自大，一等。有功卻自我誇耀，二等。立有大功卻不自誇，三等。愚鈍卻爭強好勝，一等。賢能又能推崇別人，二等。賢能又能謙讓別人，三等。對己寬鬆對人嚴格，一等。對自己和別人都嚴格，二等。對自己嚴格對別人寬鬆，三等。所有這幾等，都是爭和讓道理的具體表現，從而使事物結果變化。經過三等變化之後而掌握了這個道理，所以沒有人能夠趕得上。只有知道道理通曉變化，才能夠處在上等的位置。所以孟之反因為不自誇，受到孔子的稱讚。管叔因為推辭賞賜，受到重重的嘉獎。怎麼能説這些是用不正當的手段去求取的呢？這是純正的道德在內部自然而發又與爭讓變化的道理吻合啊。君子知道自我貶損是有益的，所以能做一件事而收到兩種好結果。小人不知道自滿會招致損失，所以一個自我誇耀而失去雙倍的東西。由此而論，不自誇，卻受到誇讚。不爭名奪利，卻收到爭的效果。謙讓對手，卻能夠戰勝他。處在眾人之下，最終卻在眾人之上。君子如果真能看到爭競的道路兇險，獨自登高在脫離世俗玄遠高妙的坦途行進，就會光芒四射日新月異，品德和名聲等同於古代的賢人。

賞析與點評

本章中，劉劭區分了三等次的人，其律人律己的行事特色，可參本篇導讀，要特別補充的是，劉劭強調要成為第三等人，亦即最上等的人，必須久經歷練，由第一等上升到第三等，從而將先天已潛存的稟性發揮出來。最上等之人，思通玄微，明白越爭則越失，相反，越讓則越得，這與常識完全相反，正是老子「反者道之動」的上佳佐證。

名句索引

一畫

一人之身，兼有英、雄，乃能役英與雄。能役英與雄，故能成大業也。 二三九
一流之人，能識一流之善。二流之人，能識二流之美。 二二〇

二畫

人材不同，成有早晚。有早智而速成者，有晚智而晚成者，有少無智而終無所成者，有少有令材遂為雋器者。 二九七
人材不同，能各有異。 一八七
人材各有所宜，非獨大小之謂也。 一八三
人初甚難知，而士無眾寡皆自以為知人。故以己觀人，則以為可知也。觀人之察人，

則以為不識也。 二一六
人情皆欲掩其所短，見其所長。 二七〇

三畫

凡人之質量，中和最貴矣。 〇六二
凡偏材之人，皆一味之美。故長於辦一官，而短於為一國。 一九二
大權，似奸而有功。大智，似愚而內明。博愛，似虛而實厚。正言，似訐而情忠。 二六〇

四畫

夫人厚貌深情，將欲求之，必觀其辭旨，察其應贊。 二五〇
夫學，所以成材也。恕，所以推情也。 一〇八
尤妙之人，含精於內，外無飾姿。尤虛之人，碩言瑰姿，內實乖反。 三一〇
心小志大者，聖賢之倫也。心大志大者，豪傑之雋也。心大志小者，傲蕩之類也。
心小志小者，拘懦之人也。 二九四

五至七畫

主德者，聰明平淡，總達眾材，而不以事自任者也。 一三三

臣以自任為能，君以能用人為能。臣以能言為能，君以能聽為能。臣以能行為能，君以能賞罰為能。　一九六

君子能受纖微之小嫌，故無變鬥之大訟。小人不能忍小忿之故，終有赫赫之敗辱。　三三七

見可憐則流涕，將分與則吝嗇，是慈而不仁者。睹危急則惻隱，將赴救則畏患，是仁而不恤者。處虛義則色厲，顧利欲則內荏，是厲而不剛者。　二四六

八畫

其為人也，質素平淡，中睿外朗，筋勁植固，聲清色懌，儀正容直，則九徵皆至，則純粹之德也。　〇七九

居視其所安，達視其所舉，富視其所與，窮視其所為，貧視其所取，然後乃能知賢否。　三一九

性有九偏，各從其心之所可以為理。　一五二

或能言而不能行，或能行而不能言。至於國體之人，能言能行，故為眾材之雋也。　一九二

杼其所欲則喜；不杼其所能則惡；以自伐歷之則惡；以謙損下之則悅；犯其所乏則婟；以惡犯婟則妒；此人性之六機也。　二七〇

直而不柔則木，勁而不精則力，固而不端則愚，氣而不清則越，暢而不平則蕩。　〇七四

知人之效有二難。有難知之難，有知之而無由得效之難。 三一八
知人者，以目正耳。不知人者，以耳敗目。 二八八

九至十畫

建事立義，莫不須理而定。 一四三
能出於材，材不同量。 一八九
草之精秀者為英，獸之特群者為雄。故人之文武茂異，取名於此。 二三一

十一畫

偏至之材，以材自名；兼材之人，以德為目；兼德之人，更為美號。 〇八一
偏材之人，交遊進趨之類，皆親愛同體而譽之，憎惡對反而毀之，序異雜而不尚也。 三〇一
偏材之人，皆有所短。故直之失也，訐。剛之失也，厲。和之失也，懦。介之失也，拘。 二七六
欲觀其一隅，則終朝足以識之。將究其詳，則三日而後足。 二二二
理勝者，正白黑以廣論，釋微妙而通之。辭勝者，破正理以求異，求異則正失矣。 一五九
通於天下之理，則能通人矣。 一六七

十二畫

智出於明。明之於人，猶晝之待白日，夜之待燭火。 二七八

善人雖善，猶有所乏。以其所乏，不明己長。以其所長，輕己所短。 二九二

善以不伐為大，賢以自矜為損。 三三三

善難者，務釋事本。不善難者，捨本而理末。 一六二

十三畫

愚而好勝，一等。賢而尚人，二等。賢而能讓，三等。 三四八

愛善疾惡，人情所常。 二九二

敬之為道也，嚴而相離，其勢難久。愛之為道也，情親意厚，深而感物。 二六六

聖賢之所美，莫美乎聰明；聰明之所貴，莫貴乎知人。 ○四○

十七畫

聰明者英之分也，不得雄之膽，則說不行。膽力者雄之分也，不得英之智，則事不立。
　是故英以其聰謀始，以其明見機，待雄之膽行之。雄以其力服眾，以其勇排難，待英之智成之。然後乃能各濟其所長也。 二三四

新視野
中華經典文庫

新 視 野
中華經典文庫